Versículos que cambian vidas

Erwin y Rebecca
LUTZER

La misión de Editorial Portavoz consiste en proporcionar productos de calidad —con integridad y excelencia—, desde una perspectiva bíblica y confiable, que animen a las personas a conocer y servir a Jesucristo.

Título del original: *Life-Changing Bible Verses You Should Know* © 2011 por Erwin y Rebecca Lutzer y publicado por Harvest House Publishers, Eugene, Oregon 97402. Traducido con permiso.

Edición en castellano: *Versículos que cambian vidas* © 2012 por Editorial Portavoz, filial de Kregel Publications, Grand Rapids, Michigan 49501. Todos los derechos reservados.

Traducción: Nohra Bernal

EDITORIAL PORTAVOZ
P.O. Box 2607
Grand Rapids, Michigan 49501 USA
Visítenos en: www.portavoz.com

ISBN 978-0-8254-1376-6 (rústica)
ISBN 978-0-8254-0357-6 (Kindle)
ISBN 978-0-8254-8512-1 (epub)

1 2 3 4 5 / 16 15 14 13 12

Impreso en los Estados Unidos de América
Printed in the United States of America

Este libro está dedicado a nuestros
preciosos nietos

Jack, Samuel, Emma, Anna, Abigail, Owen, Evelyn

Con nuestra oración ferviente de que desde la
niñez conozcan las Sagradas Escrituras, las cuales
les dan la sabiduría para recibir la salvación que
viene por confiar en Cristo Jesús.

2 Timoteo 3:15

CONTENIDO

DE CORAZÓN A CORAZÓN

El objetivo de este libro es traer un verdadero cambio en su vida, la clase de cambio que ocurre cuando usted dedica tiempo a memorizar pasajes de las Escrituras y a aumentar su comprensión de las doctrinas básicas y de las enseñanzas de la Biblia. Si los cristianos queremos fortalecer nuestra fe y crecer «en la gracia y el conocimiento de nuestro Señor y Salvador Jesucristo» (2 P. 3:18), es necesario que atesoremos la Palabra de Dios en nuestra alma y en nuestra mente. Esta disciplina constituye la esencia de la madurez cristiana.

Este libro es para usted, no importa si ha sido cristiano por muchos años o si apenas acaba de conocer acerca de la fe cristiana. De hecho, nuestra oración es que sea de gran provecho para cualquiera que desee seriamente un cambio en su vida al desatar el poder de la Palabra de Dios. Es lamentable que la práctica de memorizar las Escrituras haya casi desaparecido de las familias y de las iglesias. Lo es, porque cuando hacemos el esfuerzo de atesorar la Palabra de Dios en nuestros corazones, ella…

- nos guarda del pecado
- nos anima a ser fieles
- nos sostiene en tiempos de gran necesidad
- nos consuela en tiempos de sufrimiento y dolor
- nos dirige en tiempos de incertidumbre, y
- nos fortalece en tiempos de debilidad

Con frecuencia hemos deseado encontrar un recurso que ofreciera una selección completa de versículos bíblicos que subrayen los aspectos críticos de nuestra fe y de nuestra doctrina, uno que podamos usar como guía para memorizar los versículos bíblicos claves. Si bien debemos estudiar todas las Escrituras, hay ciertos versículos que merecen nuestra especial atención porque tratan directamente los asuntos más relevantes de la vida, y dan aliento y fortaleza en tiempos de necesidad. Los versículos de este libro fueron escogidos basándonos en dos preguntas sencillas:

- Dentro de los aspectos claves de la vida cristiana ¿cuáles serían los temas más relevantes?
- ¿Cuáles son los versículos que resumen y contienen la esencia de dichas enseñanzas bíblicas?

La estructura de este libro es sencilla. Los versículos están citados al comienzo de cada capítulo y van seguidos de un comentario explicativo acerca del significado y el valor de los pasajes. Al final de cada capítulo encontrará preguntas que son útiles para la consejería personal o el estudio grupal, y una lista de más versículos para memoriazar sobre el tema. Esperamos que memorice estos pasajes transformadores y que llegue a comprender la importancia que tienen para nuestra vida.

Hay casi 40 capítulos que nos presentan poco más de 100 versículos bíblicos que tienen el poder para transformar la vida. Si decide estudiar un capítulo por semana y usar este libro a lo largo de 40 semanas (o al ritmo que mejor le parezca), desarrollará una comprensión profunda de las verdades que constituyen la esencia de la fe cristiana. Y si dedica tiempo a memorizar estos pasajes, experimentará un cambio real y duradero en su vida. Esto es lo que la Biblia promete repetidamente.

Probemos juntos esta promesa de las Escrituras: «Pues la palabra de Dios es viva y poderosa. Es más cortante que cualquier espada de dos filos; penetra entre el alma y el espíritu, entre la articulación y la médula del hueso.

Deja al descubierto nuestros pensamientos y deseos más íntimos» (He. 4:12). Josué recibió la promesa del éxito con la condición de que meditara en la ley de Dios «de día y de noche» (Jos. 1:8). He aquí otra promesa que podemos reclamar para nuestra propia vida.

Una pareja de estadounidenses compró un joyero en Francia que, según les habían dicho, brillaba en la oscuridad. Cuando lo llevaron a casa descubrieron, muy a pesar suyo, que el cofre no brillaba en la noche. Básicamente no se diferenciaba de los otros cofres que había sobre la cómoda. Cuando se la dieron a un amigo que sabía francés, leyó las instrucciones, que decían: «Si me pones al sol durante el día brillaré en la oscuridad». Efectivamente, cuando pusieron el cofre bajo la luz del sol durante el día, emitió el resplandor durante la noche.

Memorizar las Escrituras y guardarlas en nuestro corazón es como ese joyero que retiene la luz del sol durante el día a fin de prepararse para la noche. Cuando atravesamos pruebas, con frecuencia nos preguntamos cómo podemos sobrellevar otro día o una semana más. O cuando una tentación siembra el caos en nuestra vida, nos sentimos abrumados o desanimados. Solo la Palabra de Dios, almacenada en nuestro corazón y en nuestra mente, puede corregirnos, limpiarnos, guardarnos de pecado, y facultarnos para enfrentar los desafíos de la vida.

Hemos dedicado este libro a nuestros nietos, aunque en el momento de escribirlo son todavía muy pequeños para entender el comentario por sí solos. Incluso así, algunos de ellos ya memorizan las Escrituras, y oramos para que, a medida que crezcan, continúen memorizándolas toda la vida, y que lleguen a amar las verdades que son la esencia de la fe cristiana.

¡Acompáñenos en un recorrido para conocer estos versículos bíblicos que tienen el poder para transformar su vida!

ACCIÓN DE GRACIAS

1 Tesalonicenses 5:16-18. *Estén siempre alegres. Nunca dejen de orar. Sean agradecidos en toda circunstancia, pues esta es la voluntad de Dios para ustedes, los que pertenecen a Cristo Jesús.*

Salmo 50:23. *Pero el dar gracias es un sacrificio que verdaderamente me honra.*

Dar gracias lo cambia todo.

Si nunca ha experimentado el poder de la gratitud, es probable que esté a punto de experimentar un ajuste de actitud. Cuando leemos «sean agradecidos en toda circunstancia», podríamos vernos tentados a pasar por alto esta exhortación, pensando que dar gracias en todo tiempo es poco práctico o irrelevante. Incluso podríamos pensar que hay muy poco de lo cual podemos dar gracias. Es difícil dar gracias cuando lo han despedido de su trabajo, cuando su cónyuge le dice que piensa dejarle, o cuando le han diagnosticado una enfermedad terminal. Sin embargo, eso es precisamente lo que Pablo enseñó, que debemos dar gracias en todas las circunstancias, buenas y malas, en ascensos y en despidos.

Ahora bien, hay una diferencia entre alabar y dar gracias. La *alabanza* honra a Dios por lo que Él es al centrarse en sus atributos, mientras que la acción de gracias honra a Dios por lo que ha hecho. Le ofrecemos alabanza por su poder, su amor, su justicia, y le ofrecemos acciones de gracias por las bendiciones que nos rodean, incluso aquellas que son duras y difíciles de aceptar.

De hecho, la acción de gracias es un cambio innovador. ¿Por qué? Primero, porque honra a Dios afirmando su soberanía. Cuando le damos gracias por todo, lo bueno y lo malo, afirmamos que Él tiene el control de todos los acontecimientos de su universo. No es que demos gracias por lo malo en sí. Damos gracias por la manera en que Dios usa el mal para avanzar en sus propósitos y, de ese modo, glorificarse. En la acción de gracias no solo afirmamos que Dios *es* bueno, sino que también *hace* el bien dándonos bendiciones inmerecidas y esperanza en medio del caos y la maldad.

Segundo, la acción de gracias nos cambia. Cuando damos gracias por todo, la fe crece en nuestro corazón, y el peso de nuestras cargas se aligera porque afirmamos que son de Dios y no nuestras. Hemos descubierto que dar gracias por los reveses nos da una nueva perspectiva, nos libera para ver las dificultades como parte de un propósito más grande. Y también nos hace libres para adorar a Dios, recordar su grandeza, su amor y su providencia.

¿Cómo puede aprender a practicar la gratitud cada día de su vida?

Primero, convierta cada queja en un motivo para dar gracias a Dios. A Matthew Henry, escritor de una generación anterior, le robaron una tarde. Aquella noche escribió en su diario: «Estoy agradecido porque se llevó solo mi cartera y no mi vida. Estoy agradecido porque aunque se llevó todo lo que tenía, no era mucho. ¡Estoy agradecido porque yo fui a quien robaron y no el que robó!».

El 11 de septiembre, Todd, el esposo de Lisa Beamer, exclamó «¡Rodemos!» en un intento por impedir que los secuestradores tomaran el mando del vuelo 93 de United Airlines (que se estrelló en un campo en Pennsylvania). Más adelante, en el cumpleaños de su esposo, Lisa se sentía infeliz como viuda. David, su hijo de ocho años, le preguntó por qué se sentía tan triste, y ella dijo: «Porque papá no está con nosotros en su cumpleaños». A esto, David replicó: «Pero mami, aún así podemos tener pastel, ¿no es así?».[1]

Sí, cuando todo se derrumba en nuestra vida, cuando sentimos como si todo estuviera en contra nuestra, aún tenemos razones por las cuales podemos dar gracias. Todavía podemos relacionarnos con amigos, aún podemos ir a la iglesia, todavía estamos vivos. Aún podemos comer pastel.

Segundo, empiece el día dando gracias a Dios por todas las cosas por las cuales está sinceramente agradecido. A medida que progresa en esta práctica, descubrirá al poco tiempo que aumenta la cantidad de cosas por las cuales puede dar gracias, y su lista avanzará de lo obvio a lo menos evidente. Con el tiempo, empezará a dar gracias por un colega de trabajo conflictivo, por falta de fondos, e incluso por problemas de salud. La acción de gracias impregnará su actitud hasta tal punto que se volverá su respuesta natural a las circunstancias de la vida.

Hace quince años un hombre relativamente joven que había sido saludable y fuerte quedó minusválido por un derrame cerebral masivo. Visitarlo requería de mucha paciencia porque hablaba muy lentamente. Le resultaba difícil pronunciar las palabras, y su conversación se limitaba a los efectos de su enfermedad y a su precario entorno. Inmediatamente después del derrame él se sintió amargado, enojado con Dios por lo que consideraba una tragedia innecesaria. Pero con el paso de los años experimentó un cambio de corazón. Ahora él dice: «Cada día doy gracias a Dios por lo que pasó. Antes tenía dinero y el deseo de gozar de un estilo de vida pecaminoso. Esta tragedia me ha guardado de eso. Sí, doy gracias a Dios por *esto*».

Ahora mismo dé gracias a Dios por todo, por las dichas y los pesares, por lo positivo y lo negativo, por el deleite y también por el dolor. Usted no puede convertir las malas noticias en buenas simplemente dando gracias, pero *puede* hacer las malas noticias más tolerables. *Puede* honrar a Dios y liberarse de la queja y la ansiedad.

De hecho, descubrirá que la acción de gracias lo cambia todo.

Reflexión y cambio personal

1. ¿Qué quiere decir Pablo exactamente cuando insta a dar gracias en toda circunstancia? ¿Incluye esto tanto las circunstancias buenas como las malas? ¿Por qué cree que es así?
2. ¿Cuál es la diferencia entre la *alabanza* y la *acción de gracias*? ¿Por qué razones ofrecemos a Dios cada una de ellas?
3. ¿Por qué el acto de dar gracias es tan importante? ¿Qué afirma y reafirma esto con respecto a la soberanía de Dios?
4. ¿De qué manera nos transforma el dar gracias a Dios? Comente las ideas expuestas en el capítulo acerca de este aspecto de la gratitud.
5. ¿Cómo asume usted el dar gracias en toda circunstancia? ¿Cuáles son algunas maneras en las que puede hacer de la acción de gracias parte de su actitud diaria y una respuesta natural frente a las circunstancias?
6. Versículos adicionales para memorizar: Salmo 100:4-5; Efesios 5:19-20; Colosenses 1:3-4; Santiago 1:2-4.

ADVERSIDAD

Salmo 46:1. *Dios es nuestro refugio y nuestra fuerza, siempre está dispuesto a ayudar en tiempos de dificultad.*

1 Pedro 1:6-7. *Así que alégrense de verdad. Les espera una alegría inmensa, aun cuando tengan que soportar muchas pruebas por un tiempo breve. Estas pruebas demostrarán que su fe es auténtica. Está siendo probada de la misma manera que el fuego prueba y purifica el oro, aunque la fe de ustedes es mucho más preciosa que el mismo oro. Entonces su fe, al permanecer firme en tantas pruebas, les traerá mucha alabanza, gloria y honra en el día que Jesucristo sea revelado a todo el mundo.*

Cuando recordamos el devastador terremoto en Haití en el que murieron casi 200.000 personas, muchas imágenes vienen a la mente, pero una sobresale por encima de las demás: la de una joven madre a quien entrevistan en televisión mientras sostenía un bebé en sus brazos.

—He perdido a mi hijo… murió entre los escombros.

—¿Pudo sepultarlo?

—No. Fue imposible. Su cuerpo estaba aplastado entre los escombros. Tuve que dejarlo.

En ese preciso momento, la cámara enfocaba desde su mochila cuando ella se preparaba para subir un autobús. En un bolsillo lateral había una Biblia. Mientras subía al bus se le oyó decir, sin dirigirse a alguien en especial: «Dios es nuestro refugio y nuestra fuerza, siempre está dispuesto a ayudar en tiempos de dificultad…». Su voz se apagó poco a poco hasta que ella desapareció de la vista.

Cuando terminó el reportaje nos quedamos mirando

un rato la televisión, para contener las lágrimas y dejar que aquello que acabábamos de ver penetrara en nuestra alma. Un niño muerto que no pudo ser sepultado y despedido debidamente, un bebé en sus brazos, y ella subía a un autobús que la llevaría quién sabe dónde. Y a pesar de todo ella manifestó su fe, y confió en Dios como su refugio y su fuerza.

¡Fe en la adversidad!

Esta madre, Dios la bendiga, empezó a citar el Salmo 46, que fue escrito como un canto de alabanza después que Dios librara a la ciudad de Jerusalén de la invasión de los asirios que amenazaban con exterminar a sus habitantes. En medio de una angustiosa fuga, los israelitas encontraron en Dios un pilar inamovible.

Dios es nuestro refugio. Un refugio es un lugar seguro al que puede acudir para protegerse cuando las tormentas de la vida se agitan a su alrededor. Con razón esta querida madre encontró solaz en este salmo, que dice después: «Por lo tanto, no temeremos cuando vengan terremotos y las montañas se derrumben en el mar. ¡Que rujan los océanos y hagan espuma! ¡Que tiemblen las montañas mientras suben las aguas!» (vv. 2-3).

Sí, hubo terremotos y las montañas se derrumbaron en el mar, pero a Dios no le afectan las fluctuaciones de los acontecimientos terrestres. Él permanece firme e inamovible. Cuando las montañas tiemblen y la tierra se sacuda bajo sus pies, acuda a Dios, y Él saldrá a su encuentro. Sí, incluso cuando nuestro mundo se desmorona como resultado de un horrendo desastre natural, Dios permanece inamovible, a nuestro lado.

En medio de la destrucción, Dios es nuestra fuente de provisión. El salmo continúa: «Un río trae gozo a la ciudad de nuestro Dios, el hogar sagrado del Altísimo» (v. 4). Lo más probable es que esto se refiriera a un túnel que había sido construido previamente para llevar agua a la ciudad en caso de que fuera sitiada. Los habitantes de Jerusalén consideraban esta provisión como una ayuda específica de Dios en el momento de necesidad.

Luego el salmo nos ordena: «¡Quédense quietos y sepan que yo soy Dios! Toda nación me honrará. Seré honrado en el mundo entero» (v. 10). Dejemos de pelear y dejemos que Dios sea Dios. Hasta en la adversidad Él está presente. ¡O tal vez deberíamos decir que está *especialmente* presente *en la adversidad*!

La adversidad no debería apartarnos de Dios, sino más bien llevarnos a sus brazos. Él está junto a la madre en luto, y con la familia que ha sufrido una pérdida indescriptible. El salmo termina: «El SEÑOR de los Ejércitos Celestiales está entre nosotros; el Dios de Israel es nuestra fortaleza» (v. 11).

Dios quiere que creamos en Él. Y para Él nuestra fe es más preciosa que el oro, el cual se estropea. Cuando seguimos confiando en Él incluso cuando parece que no existe razón alguna para hacerlo, y cuando permanecemos creyendo en la Palabra pura de Dios, nuestra fe «traerá mucha alabanza, gloria y honra en el día que Jesucristo sea revelado» (1 P. 1:7).

El reverendo Henry F. Lyte fue un pastor en Escocia que batalló gran parte de su vida contra la tuberculosis. El 4 de septiembre de 1847, que fue su último domingo, entonó en medio de las lágrimas de la congregación un himno de su autoría: «Habita en mí». El himno hablaba acerca de un Dios inmutable en un mundo que cambia sin cesar:

> Habita en mí, Señor, vive conmigo;
> La tarde tristemente se apresura,
> Condensan las tinieblas su pavura,
> Y estoy contento porque pienso en ti.

AMOR

1 Corintios 13:1-3. *Si yo pudiera hablar todos los idiomas del mundo y de los ángeles pero no amara a los demás, yo sólo sería un metal ruidoso o un címbalo que resuena. Si tuviera el don de profecía y entendiera todos los planes secretos de Dios y contara con todo el conocimiento, y si tuviera una fe que me hiciera capaz de mover montañas, pero no amara a otros, yo no sería nada. Si diera todo lo que tengo a los pobres y hasta sacrificara mi cuerpo, podría jactarme de eso; pero si no amara a los demás, no habría logrado nada.*

Juan 3:16. *Pues Dios amó tanto al mundo que dio a su único Hijo, para que todo el que crea en él no se pierda, sino que tenga vida eterna.*

En el Nuevo Testamento se nos manda a hablar la *verdad* en *amor* (Ef. 4:15), pero es difícil mantener ese equilibrio. Con frecuencia, a la gente veraz le falta amor, y la gente amorosa compromete la verdad. Solemos inclinarnos a un lado o al otro.

Pablo habla con la mayor dureza contra aquel que se enorgullece de sus obras y capacidades pero le falta amor. Dice que tal persona es «un metal ruidoso o un címbalo que resuena». De hecho, si usted tuviera la fe para mover montañas pero no tiene amor, ¡no es nada! En nuestro caso, eso significa que si enseñamos una clase de escuela dominical, o si somos generosos en dádivas, o si nos ofrecemos como voluntarios en un refugio para desamparados, pero no tenemos amor, perdemos de vista el sentido de nuestra existencia.

Esta clase de amor es extraordinario: es paciente y amable, es capaz de perseverar bajo circunstancias difíciles. Aunque la fe dará paso a la vista y la esperanza desaparecerá en presencia de la realidad, el amor permanecerá. Es una virtud eterna. El amor nos faculta para tratar a otros como quisiéramos que nos trataran. El amor no guarda rencor y no busca sacar provecho de otros. Es un amor que siempre exalta las necesidades de los demás por encima de las propias. Protege la reputación del otro.

En nuestros días, el amor está en gran medida malinterpretado. A menudo se confunde con sentimentalismo o se vincula con la relación sexual. Con frecuencia oímos a gente decir: «No estamos casados, pero nos amamos mucho y para nosotros está bien vivir juntos». O las personas demuestran amor solo en tanto que es cómodo hacerlo. Profesan amor al tiempo que llevan un estilo de vida egoísta que se disfraza de una relación que se interesa por otro.

El amor humano es una experiencia maravillosa, tanto cuando se reciben sus beneficios como cuando se extienden a otros. Pero el amor humano en sí mismo es incapaz de permanecer cuando los tiempos se complican. El amor humano puede mantener unido un matrimonio difícil, pero la mayoría de las veces alcanza el punto de ruptura bastante rápido.

El amor divino, que Pablo tenía en mente cuando escribió 1 Corintios 13, no es una simple emoción humana. En cambio, se basa en una relación íntima con Dios. El amor humano se basa en el ser amado. El amor humano dice: «Te amo por lo que haces por mí. Te amo porque eres amable. Te amo porque satisfaces mi vida». Esta clase de amor se basa muchas veces en la apariencia («eres hermosa, por lo tanto te amo»), o en una personalidad atractiva («eres interesante, divertido, y una gran compañía»), y por consiguiente es un amor sujeto a cambios. Es fácil amar a quienes son atractivos físicamente o tienen una personalidad carismática. Pero este amor puede marchitarse fácilmente cuando vienen tiempos difíciles.

El amor divino se basa en el ser que ama. El amor divino dice: «Puedo amarte aun si cambias, puedo amarte incluso cuando me decepcionas». Así como Jesús estuvo dispuesto a morir por nosotros cuando éramos sus enemigos, nuestro amor debe estar dispuesto a trascender las decepciones que ocurren en una relación.

Este amor nace en nuestro interior por el Espíritu Santo. Es la obra natural del poder del Espíritu en la vida de una persona que ha elegido morir al interés propio y someterse a la dirección de Dios en su vida. El fruto del Espíritu Santo es, en primer lugar, amor, el cual se origina en nuestro corazón (Gá. 5:22).

Este amor debe ser evidente en nuestros matrimonios, en nuestras relaciones familiares y, por supuesto, al mundo que nos rodea. Las personas del mundo pueden superarnos en número, en recursos económicos, en entretenimiento, pero nunca debería decirse que nos superan en amor.

El escritor de himnos Charles Weigle participaba en una conferencia bíblica en Pasadena, California, y cuando llegó a la reunión del domingo en la noche un amigo le preguntó: «¿Disfrutaste el jardín de rosas esta tarde?». Weigle se sorprendió un poco porque él no le había comentado a nadie acerca de lo que había hecho antes de llegar a la reunión. «Trajiste contigo el aroma de las rosas», dijo su amigo.

Y de eso se trata: estamos llamados a traer la amorosa fragancia de Cristo a un mundo que necesita desesperadamente el mensaje de auxilio y esperanza. Y cuando estamos en presencia de otros, ellos deben saber que los amamos porque hemos sido amados.

Los seguidores de Jesús deben llevar el amor divino como una insignia.

Reflexión y cambio personal

1. ¿Cuáles son las características del amor divino según las describe 1 Corintios 13? Compare esta clase de amor con otros modelos superficiales que encontramos en el mundo.
2. Efesios 4:15 nos manda hablar «la verdad en amor». ¿A qué lleva esto?
3. ¿Cuál es el valor permanente del amor divino? ¿Por qué permanece?
4. ¿En qué se basa el amor humano? ¿En qué se basa el amor divino?
5. ¿De dónde viene el amor divino? ¿De qué manera debería este amor evidenciarse en nuestra vida?
6. Versículos adicionales para memorizar: Efesios 2:4-5; Colosenses 3:12-14; 1 Juan 4:7-10.

ANSIEDAD

Mateo 6:33-34. *Busquen el reino de Dios por encima de todo lo demás y lleven una vida justa, y él les dará todo lo que necesiten. Así que no se preocupen por el mañana, porque el día de mañana traerá sus propias preocupaciones. Los problemas del día de hoy son suficientes por hoy.*

Alguien ha dicho que las personas viven «crucificadas entre dos ladrones: los remordimientos del ayer y las preocupaciones del mañana».

La palabra *preocupación* significa «partido en dos». Y eso es precisamente lo que hace la ansiedad: nos divide. Es como si nuestro cuerpo anduviera obedientemente en una dirección, pero nuestra mente estuviera en cualquier otra parte. El resultado es que vivimos ansiosos, sin poder dormir por la noche ni disfrutar nuestra vida durante el día. La preocupación nos lleva a trabajar contra nosotros mismos y estorba nuestra comunión con Dios.

Por ejemplo, ¿no desearía poder preocuparse desde las 8:00 de la noche hasta las 8:30 y luego desactivar la ansiedad y así disfrutar una buena noche de descanso? Pero puede parecer invevitable que la preocupación vuelva constantemente a nuestra mente. La preocupación es como un aviso descontrolado que irrumpe en la pantalla del televisor cada vez que quiere, sin pedir permiso ni obedecer a nuestra voluntad. Somos víctimas de la preocupación, y no podemos evitar que se introduzca en nuestra mente aunque no la invitemos.

Cuando habló a sus discípulos, Jesús presentó tres razones por las cuales no deberíamos preocuparnos, y luego tres razones por las cuales no tenemos que preocuparnos. Primero, dijo que no deberíamos preocuparnos a causa de lo que somos. «Miren los pájaros. No plantan ni cosechan ni guardan comida en graneros, porque el Padre celestial los alimenta. ¿Y no son ustedes para él mucho más valiosos que ellos?» (Mt. 6:26). Si Dios cuida de las aves, ¿acaso no tendrá cuidado de nosotros? Nota bien lo que Jesús quiso decir: cuando nos preocupamos, ¡subestimamos nuestro valor!

En segundo lugar, no deberíamos preocuparnos porque de nada sirve hacerlo. «¿Acaso con todas sus preocupaciones pueden añadir un solo momento a su vida?» (v. 27). Preocuparse es como aplicar al mismo tiempo el freno y el acelerador. Valdría la pena preocuparse si esto alargara nuestra vida. Pero lo cierto es que más bien la acorta. La preocupación no cambia nada.

En tercer lugar, no deberíamos preocuparnos por causa de nuestro testimonio. «Esas cosas dominan el pensamiento de los incrédulos, pero su Padre celestial ya conoce todas sus necesidades» (v. 32). Cuando nos preocupamos, obramos como los incrédulos que no conocen al Padre celestial. Imaginemos que a dos personas les diagnostican cáncer: una es cristiana, y la otra no. ¡Qué triste sería que la cristiana recibiera la noticia de la misma forma que la incrédula!

Pero, ¿cómo debemos vencer la preocupación o la ansiedad? Tres palabras de este relato nos ayudarán. La primera es la palabra *Padre*. Nos resulta más difícil confiar en nuestro Padre celestial que en nuestro padre terrenal porque nuestro Padre celestial es menos predecible. Nuestro padre terrenal impediría que tuviéramos cáncer o que sufriéramos accidentes, si estuviera en su poder hacerlo. Pero nuestro Padre celestial no. ¿Significa eso que nos ama menos?

No. Nuestro Padre celestial nos ama con un amor perfecto. Sin embargo, está dispuesto a que experimentemos pérdidas y sufrimiento en aras de un bien mayor y eterno. Por favor, créanos cuando le decimos que su Padre celestial es digno de confianza. ¡Él le ama y procura su bien!

La segunda palabra es *fe*. Jesús pregunta: «¿Por qué tienen tan poca fe?». Nuestra fe debe desarrollarse. No solo debemos creer que Dios es poderoso, sino que es bueno. La fe se edifica mediante la comprensión de las promesas de Dios.

Y la tercera palabra es *encima*. «Busquen el reino de Dios por encima de todo lo demás y lleven una vida justa, y él les dará todo lo que necesiten». La preocupación nos recuerda todas aquellas cosas que aún no hemos entregado a Dios. También podríamos afirmar que nuestras preocupaciones nos señalan aquellas cosas que hemos puesto por encima de Dios.

Al encomendarnos a nuestro Padre celestial ya no tenemos que estar divididos por los sucesos de la vida. Ya han sido transferidos de nuestras manos a las suyas, y así podemos estar tranquilos.

¿Cómo funciona esto, por ejemplo, cuando enfrenta una crisis como una enfermedad mortal? Debemos estar convencidos de dos hechos: (1) que todos los asuntos están en las manos de Dios, y (2) que Dios es bueno y digno de confianza.

Como cristianos, debemos quitar nuestras ansiedades de nuestros hombros y ponerlas en los de Dios. Esta transferencia debe hacerse a diario y de manera consciente. «Pongan todas sus preocupaciones y ansiedades en las manos de Dios, porque él cuida de ustedes» (1 P. 5:7). Esto no significa que nunca tendremos una preocupación, ni que estaremos exentos de angustias. Pero sí quiere decir que podemos tener la confianza de que Dios está presente en nuestra vida, hoy y mañana. Significa que podemos vivir con esperanza.

Imagine que usted está en un avión y le pide a la azafata que verifique si los pilotos están despiertos antes de empezar su travesía al otro lado del océano. Lo más probable es que la azafata se enoje con usted y le diga, con razón: «¡Eso es una ofensa contra nuestros pilotos!». Y sí, eso sería una ofensa contra los pilotos. ¿No sería mejor que usted sencillamente se relajara y dijera: «Me he puesto en manos de esta tripulación, y tengo motivos para pensar que, a pesar de no conocer a los pilotos, puedo tener la seguridad de que puedo confiar en ellos».

Cuando bombardeamos sin cesar a Dios con peticiones de esto y aquello, de que atienda una y otra cosa, muchas veces también le ofendemos. Lo que necesitamos no es enviar más palabras en la dirección en la que Dios va, sino que le entreguemos con sinceridad nuestras preocupaciones. Por decirlo de algún modo, estamos con Él en el avión, como nuestro piloto, y nos llevará dondequiera que Él desee. Él nos llevará a cruzar los océanos y aterrizaremos a salvo al otro lado.

Hay una historia de una mujer que esperaba un autobús con una maleta muy pesada. Estaba muy contenta cuando vio el autobús venir; pagó su pasaje y se quedó de pie en el pasillo sosteniendo su maleta. Alguien le preguntó: «¿Por qué no pone la maleta en el suelo?». Ella respondió: «Estoy muy agradecida de que el autobús me lleve. ¡Pero no puedo esperar que lleve también mi maleta!».

Si usted es cristiano, está en el autobús. Dios nos lleva hacia su reino celestial. No hay razón alguna por la cual usted tenga que cargar el peso que ya está en las manos de Dios. Debe descargar la maleta. Puesto que los gobiernos del mundo estarán un día sobre los hombros de Cristo, ¡es más que seguro que puede llevar nuestras preocupaciones además de todas sus otras responsabilidades!

¿Y qué si la ansiedad regresa? Tenemos que rechazar

esos pensamientos y reafirmar una y otra vez que estamos en las manos de Dios.

Sabemos que Dios cuida de los pájaros ¡y ciertamente cuida de nosotros también!

Reflexión y cambio personal

1. Describa lo que significa la preocupación. Si la dejamos pasar inadvertida en nuestra vida, ¿qué es lo que puede causarnos?
2. Lea Mateo 6:25-34. Comente tres razones que presentó Jesús para que no demos lugar a la preocupación. ¿Cuál fue su lógica detrás de cada argumento?
3. ¿Qué pasos debe dar para vencer la preocupación? ¿Cuáles son las tres palabras en Mateo 6:30-34 que señalan la clave para vencer la preocupación?
4. ¿Cuán fuerte es su fe? Como creyentes ¿de qué manera podemos desarrollar nuestra fe?
5. ¿Cómo podemos actuar conforme a la verdad de 1 Pedro 5:7, en un sentido práctico? Describa lo que significa poner nuestras ansiedades en las manos de Dios.
6. Versículos adicionales para memorizar: Salmo 37:3-8; Isaías 41:10; Filipenses 4:6-7; 1 Pedro 5:6-7.

LA ARMADURA DE DIOS

Efesios 6:10-11. *Una palabra final: sean fuertes en el Señor y en su gran poder. Pónganse toda la armadura de Dios para poder mantenerse firmes contra todas las estrategias del diablo.*

Todos hemos oído decir que Dios nos ama y que tiene un plan maravilloso para nuestra vida. Sin embargo, de ahí se deduce también que Satanás nos odia y tiene un plan nefasto para nuestra vida. Hay un diablo en este mundo, y es el adversario de Dios. Él fue creado por Dios pero cayó en el pecado de orgullo y estableció su propio reino oscuro y maligno, y quiere que nosotros seamos parte de él. Incluso es posible que ya haya planeado nuestra propia caída. Aunque solo puede estar en un lugar a la vez, nos hace pensar que está en todas partes, porque tiene demonios a su servicio. El nombre de Satanás significa «adversario», y otro de sus nombres, «diablo», significa «acusador» o «calumniador».

Satanás introduce en nuestra mente pensamientos con la intención de que creamos que son nuestros. Un buen ejemplo es lo que sucedió a Ananías y Safira, que mintieron al decir que habían entregado a la iglesia todo el dinero recibido de la venta de su terreno, cuando en realidad habían guardado para sí parte del precio (Hch. 5:1-10). Note que Pedro preguntó a Ananías: «¿por qué has permitido que Satanás llenara tu corazón? Le mentiste al Espíritu Santo...» (v. 3). Piensa en esto: si la pareja se hubiera dado cuenta de que el diablo había puesto en sus mentes esos planes engañosos, se habrían aterrorizado. Sin embargo, como el diablo no puede ser visto, y puesto que ellos creyeron ser los autores de esta idea engañosa, no temieron decir una mentira.

Cuando abrimos nuestra mente y nuestro corazón al pecado, Satanás nos infunde pensamientos equivocados. Por lo general, ahí se originan la división, el odio, la falsa culpa, la ira, la inmoralidad, la rebelión, y nuestra permisividad frente a las prácticas ocultas. Con frecuencia, un supuesto problema demoniaco es en realidad un problema de pecado. Como dice un amigo nuestro: «Cuando te deshaces de la basura, las moscas se van».

Con razón dice Pablo: «Pónganse toda la armadura de Dios para poder mantenerse firmes contra todas las estrategias del diablo» (Ef. 6:11). Si usted es un creyente y piensa que no está en una batalla o que no es un blanco de Satanás, quizá sea porque usted no representa una amenaza para él. O puede que usted esté engañado.

Lea por favor Efesios 6:10-18, donde Pablo enumera las piezas de «la armadura de Dios» que nos protege de los engaños de Satanás. Pablo nos describe en una lucha libre contra el diablo y sus fuerzas, y es una batalla hasta el final.

La primera pieza de la armadura que Pablo menciona es el cinturón de la verdad. En aquellos días, el cinturón de un soldado sostenía todo lo demás. Cuando no estaba en combate directo, gran parte de su equipo pendía de su cinturón. El «cinturón de la verdad» es por supuesto una referencia a la verdad que Dios ha establecido y revelado por medio de su Palabra (Jn. 17:17). Llevar puesto el cinturón nos guarda de creer en el error y de entreneter engaños conocidos o desconocidos.

En su libro *La guerra santa*, Juan Bunyan describió la batalla por la mente que todos libramos. En el libro, Diabolos y otros demonios discuten acerca de cómo van a engañar y embaucar a las personas. Recuerde que el objetivo de ellos es hallar una entrada al «alma del hombre». Uno de los demonios habló de estrategia: «Los persuadiremos con zalamerías, los tentaremos, pero al final mentiremos, mentiremos, mentiremos». Esa es la estratagema de Satanás, y el cinturón de la verdad saca a la luz estas mentiras.

Satanás aborrece la verdad, y habla la verdad sólo cuando se ve obligado a hacerlo. En el Nuevo Testamento, cuando los demonios estaban en presencia de Jesús y dijeron: «¡Yo sé quién eres: el Santo de Dios!» (Mr. 1:24), decían la verdad, pero solo porque *tuvieron* que hacerlo.

Luego siguen las otras piezas de la armadura: la coraza de la justicia de Dios, el calzado de la paz, el escudo de la fe, el casco de la salvación, y la espada del Espíritu.

¿Cómo nos ponemos las diferentes piezas de dicha armadura?

En primer lugar, por medio de la oración. Pablo dijo: «Oren en el Espíritu en todo momento y en toda ocasión» (v. 18). Orar «en el Espíritu» es mucho más que decir las palabras correctas. Es la oración que brota de un corazón rendido y que se origina en las promesas de la Palabra de Dios. Significa que empezamos cada día no solamente consagrando nuestro día a Dios, sino declarando nuestro deseo de ser protegidos de las tentaciones que sin duda vendrán.

En segundo lugar, no debemos considerar estas piezas de la armadura como elementos aislados, como si pudiéramos ir a la batalla solo con algunas de ellas. Vistas de una manera, debemos usar todas las piezas de la armadura si queremos prevalecer frente a «fuerzas poderosas de este mundo tenebroso y contra espíritus malignos de los lugares celestiales» (v. 12). Por tanto, debemos ver la armadura de Dios como un estilo de vida; debe convertirse en parte de lo que somos como creyentes. Nuestra vida debe caracterizarse por la verdad, la justicia, y una disposición para comunicar el evangelio. Debemos vivir una vida de fe, estar seguros de nuestra salvación, y saber cómo estudiar y usar la Palabra de Dios. Satanás no huye porque usemos las palabras correctas, por importante que esto sea. Más bien huye cuando ve a un creyente íntegro que muestra una gran devoción a Dios y a su Palabra.

En la iglesia Moody, donde servimos y asistimos, hay una terraza en el techo diseñada para acomodar hasta 250 personas. Puesto que es exterior tenemos un problema constante con las palomas que bajan y se quedan en la terraza, lo cual, como podrá imaginar, causa problemas de limpieza. Los miembros de nuestro consejo de administración tuvieron una idea brillante: compraron una cinta de audio con los sonidos de un halcón cuando caza una paloma. La cinta se reproduce aproximadamente cada dos minutos en la terraza. Como podrá adivinar, desde que se usa esta grabación, ¡nunca se ha vuelto a ver una paloma!

A Satanás le encanta mofarse de nosotros, aparenta un gran poder y nos asusta con amenazas de destruirnos en algún momento. Pero, al igual que la cinta que se oye en la terraza, estas amenazas carecen de poder si nos hemos puesto la armadura de Dios. Satanás puede intimidarnos, pero él ya ha sido completamente derrotado por Cristo. Su alarido de presunta victoria no es más que un chillido de derrota.

Nosotros podemos prevalecer en el día malo, porque Aquel que está en nosotros es más poderoso que el que está contra nosotros (1 Jn. 4:4). ¡Pero no descuidemos nuestra armadura!

Reflexión y cambio personal

1. Después de considerar la historia de Ananías y Safira, piense en el tipo de tentaciones que irrumpen en nuestra mente y cómo Satanás está detrás de ellas.
2. ¿Cuántos pasajes de la Biblia conoce usted que hablen de la actividad de Satanás en relación con nuestras

tentaciones? ¿Qué aprendemos de estos pasajes acerca de cómo resistir al diablo? (Véase especialmente Stg. 4:6-10, 1 P. 5:6-10).

3. «Con frecuencia, un supuesto problema demoniaco es en realidad un problema de pecado». Enumere pecados que permitimos y que podrían dar ocasión al enemigo para influir en nuestra vida (ver un ejemplo en Ef. 4:26-27).
4. Con su Biblia abierta en Efesios 6:10-18, enumere las partes de la armadura que debemos vestir. Al lado de cada una, anote una descripción de lo que usted considera que debería significar para nuestra vida.
5. Si seguimos el ejemplo de Jesús, ¿cómo podemos usar las Escrituras como respuesta frente a los ataques de Satanás?
6. Versículos adicionales para memorizar: Efesios 1:18-21; 6:12-17; 2 Timoteo 2:3-4.

CARÁCTER

Salmo 15:1-2. *Señor, ¿quién puede adorar en tu santuario? ¿Quién puede entrar a tu presencia en tu monte santo? Los que llevan una vida intachable y hacen lo correcto, los que dicen la verdad con corazón sincero.*

Filipenses 2:14-15. *Hagan todo sin quejarse y sin discutir, para que nadie pueda criticarlos. Lleven una vida limpia e inocente como corresponde a hijos de Dios y brillen como luces radiantes en un mundo lleno de gente perversa y corrupta.*

D. L. Moody afirmó con gran acierto que el carácter es lo que un hombre es en lo oculto. Por desgracia, a nuestra generación le resulta difícil distinguir entre carácter y reputación. En nuestra generación descuidada parece como si la reputación fuera lo único importante en una persona. Pero nuestro carácter es más importante que nuestra reputación. Se puede perjudicar la reputación de una persona sin que se dañe su carácter.

Stephen Carter, profesor de leyes de Yale, define el carácter (al que denomina integridad) como algo muy específico que involucra tres pasos: (a) *discernir* lo que está bien y lo que está mal, (b) *actuar* conforme a lo que se discierne, y (c) *decir* abiertamente que se actúa conforme al entendimiento que se tiene del bien y el mal.[2] En otras palabras, una persona con carácter no debería avergonzarse de vivir según las convicciones profundamente arraigadas. Cuanto más abiertos seamos acerca de nuestro compromiso con la integridad, más motivados estaremos a vivir conforme a nuestros principios.

El Salmo 15 pregunta y responde estos interrogantes: «SEÑOR, ¿quién puede adorar en tu santuario? ¿Quién puede entrar a tu presencia en tu monte santo?» (v. 1). Lo que sigue es una descripción del hombre a quien Dios recibe, aquel a quien se le permite subir al monte del Señor y agradarlo. Lo mejor que podemos hacer es recorrer este salmo para identificar y contemplar el estilo de vida de la persona que posee la clase de carácter que agrada a Dios.

En primer lugar, es una persona que habla la verdad. «Los que llevan una vida intachable y hacen lo correcto, los que dicen la verdad con corazón sincero. Los que no se prestan al chisme ni le hacen daño a su vecino, ni hablan mal de sus amigos» (vv. 2-3). Habla la verdad sin importar lo que pase, incluso cuando esto lo empequeñece, o cuando exige poner a otros en un lugar de mayor eminencia, o cuando significa hacer una confesión dolorosa.

Una persona de carácter habla la verdad aunque sienta vergüenza. Hace poco escuché acerca de un líder cristiano que, al ser confrontado con la acusación de tener un romance en la Internet, lo negó hasta que le presentaron la evidencia. Nuestra tendencia a esconder el pecado es tan fuerte que resulta casi imposible hablar la verdad acerca de nosotros *a* nosotros mismos, ¡mucho menos a los demás!

La persona de carácter habla la verdad incluso cuando esto lo señale. Supimos de un hombre que demandó por lesiones en su trabajo cuando en realidad se había lastimado en un accidente de caza. Recibirá una indemnización laboral por el resto de su vida. Cuando un ministro que lo visitaba le dijo que debía confesar la verdad ante la junta directiva de indemnizaciones, respondió: «¿Cree que quiero ir a la cárcel?». Este hombre no solo perdió su integridad, sino que al ser confrontado tampoco quiso pagar el precio para recuperarla.

Las personas íntegras también honran las amistades. Son aquellas «que no se prestan al chisme ni le hacen daño a su vecino, ni hablan mal de sus amigos» (v. 3). Alguien ha dicho: «Si quiere descubrir quiénes son sus amigos, solo cometa un error grande y público». Para un hombre de carácter, la reputación de su amigo es tan importante como la suya propia.

También cumplen sus compromisos. Son «los que desprecian a los pecadores descarados, y honran a quienes siguen fielmente al SEÑOR y mantienen su palabra aunque salgan perjudicados» (v. 4). *¡Mantienen su palabra aunque salgan perjudicados!* Mantienen su palabra incluso cuando lamentan haber hecho su promesa.

Por último, se niegan a sacar provecho de los demás. «Los que prestan dinero sin cobrar intereses y no aceptan sobornos para mentir acerca de un inocente» (v. 5). No deberíamos interpretar esto como si aceptaran sobornos contra alguien que no es inocente. Lo que el texto quiere decir es que simplemente son el tipo de persona que no puede comprarse. No son de los que cambian el precio solo porque creen que pueden salirse con la suya. No sacan provecho de los demás.

En el Nuevo Testamento, el apóstol Pablo relaciona el carácter con nuestro testimonio de Cristo. Debemos llevar «una vida limpia e inocente como corresponde a hijos de Dios», y así nuestro carácter brillará como luces radiantes en un mundo lleno de gente perversa y corrupta (Fil. 2:15). De hecho, sin carácter, nuestro testimonio queda empañado o incluso destruido.

El carácter es frágil. Es como un jarrón en una repisa que, después de caer al piso, quebrarse y arreglarse otra vez con pegamento, aún muestra algunas grietas delgadas que evidencian el daño causado. Cuando un pastor de jovenes me pidió consejo ministerial, yo (Erwin) le dije: «Cuida tu integridad... cuida tu carácter. Es tu posesión más preciada. Si la pierdes, podría ser imposible recuperarla».

El carácter es el fundamento de todas las demás virtudes.

Reflexión y cambio personal

1. ¿Cómo define el carácter? ¿Por qué el carácter es importante para usted? Explique la definición de carácter según el Salmo 15:1-2.
2. Comente las características de una persona íntegra. ¿Qué le sucede a nuestra integridad cuando no alineamos nuestros pensamientos, palabras y acciones con la verdad?
3. ¿Por qué el carácter personal es importante para nuestro testimonio cristiano?
4. ¿Procura siempre cumplir sus compromisos? Cumplir un compromiso puede costarle. ¿Está dispuesto a cuidar su integridad en este aspecto sin importar cuánto cueste? Recuerde una situación en la que alguien haya incumplido un compromiso y esto le perjudicó a usted.
5. En el transcurso de la vida y de sus exigencias, la integridad es una posesión frágil. ¿Qué pasos toma usted para cuidar su carácter?
6. Versículos adicionales para memorizar: Proverbios 4:23; Job 5:17-18; Romanos 7:23-25; 2 Corintios 5:17.

CIELO

Apocalipsis 21:1-3. *Entonces vi un cielo nuevo y una tierra nueva, porque el primer cielo y la primera tierra habían desaparecido y también el mar. Y vi la ciudad santa, la nueva Jerusalén, que descendía del cielo desde la presencia de Dios, como una novia hermosamente vestida para su esposo. Oí una fuerte voz que salía del trono y decía: «¡Miren, el hogar de Dios ahora está entre su pueblo! Él vivirá con ellos, y ellos serán su pueblo. Dios mismo estará con ellos».*

¿Qué experiencias podemos esperar tener en el cielo? En el cielo estaremos con Jesús, volveremos a ver a nuestros amigos y familiares, y nos adaptaremos a una vida nueva en una dimensión completamente diferente. Descubriremos que nuestros cuerpos son capaces de viajar en sentido horizontal y vertical sin esfuerzo alguno, con velocidad y gracia.

¿Y después qué?

Alguien ha dicho que para nosotros hablar acerca de cómo será la vida en el cielo es como dos bebés en un vientre hablando acerca de cómo será su vida entre el nacimiento y la edad de 20 años. Sin embargo, la Biblia nos brinda suficiente información para imaginar e incluso especular acerca de lo que podemos esperar en la vida de bendición venidera.

Hay algunas cosas que *no* encontraremos en el cielo: no habrá lágrimas, ni muerte, ni llanto, ni dolor, ni maldición. Tampoco habrá templo allí, «porque el Señor Dios Todopoderoso y el Cordero son el templo. La ciudad no tiene necesidad de sol ni de luna, porque la gloria de Dios ilumina la ciudad, y el Cordero es su luz» (Ap. 21:22-23).

¿No hay templo? En el Antiguo Testamento, antes de la construcción del templo, el pueblo de Israel tenía el tabernáculo. Estaba compuesto básicamente de tres espacios: el patio exterior, el lugar santo donde los sacerdotes podían entrar libremente, y la habitación interior conocida como el lugar santísimo, donde la gloria de Dios era revelada. Solo el sumo sacerdote podía entrar en esta habitación, y podía hacerlo una sola vez al año: el día de la expiación.

El lugar santísimo era en forma de cubo, igual que nuestra futura ciudad santa, la nueva Jerusalén (vv. 16-17). No habrá necesidad de tabernáculo o templo ¡porque la Nueva Jerusalén entera es el lugar santísimo! En otras palabras, viviremos para siempre en la presencia inmediata de Dios.

Joni Eareckson Tada, autora y conferencista que quedó cuadrapléjica desde hace más de 40 años, dice que lo que más espera del cielo no es el cuerpo nuevo con piernas nuevas para poder correr hacia Jesús, sino disfrutar de Dios sin que el pecado vuelva jamás a interponerse en su relación. ¡Imagine tener unos pensamientos tan puros y santos que no nos importe que otras personas puedan verlos! En el cielo experimentaremos una pureza total y una comunión con Dios en dos direcciones y libre de obstáculos.

Y ¿qué de nuestros privilegios en el cielo? Habrá verdadera igualdad, porque incluso los reyes de la tierra entregarán su gloria al Cristo reinante (v. 24). Asimismo, gozaremos de perfecta salud, porque al fin podremos comer del árbol de la vida. Y está escrito que «las hojas se usaban como medicina para sanar a las naciones» (22:2). Por supuesto que en el cielo no comeremos porque necesitemos comer, sino que, al igual que Jesús resucitado, que comió pescado con sus discípulos en las orillas de Galilea, vamos a comer por puro deleite y comunión.

Y ¿qué haremos en el cielo? En una caricatura de *The Far*

Side, el artista dibujó una imagen de un concepto estereotipado del cielo: un hombre con alas de ángel tocando su arpa, con un rostro aburrido que dice: «¡Quisiera haber traido una revista!». Error. ¡No se necesitan revistas en el cielo!

Vamos a estar ocupados sirviendo a Cristo y reinaremos con Él «por siempre y para siempre» (22:5). No podemos imaginar lo que esto significa, pero bien podríamos ser enviados a una misión exploratoria a otros planetas y ejercer autoridad sobre reinos ahora desconocidos. Sin embargo, queda claro que estaremos eternamente ocupados haciendo la voluntad del Maestro y disfrutando cada instante.

La Biblia empieza en un huerto y termina en una ciudad. La razón por la cual es una ciudad con muros y puertas no es la exclusión de personas que no están invitadas. De hecho, sabemos que las puertas de la ciudad nunca están cerradas. La razón por la cual viviremos en una ciudad es el fortalecimiento de una comunidad. Nos encontraremos a la salida de las puertas y nos congregaremos en la calle principal de la ciudad, donde Dios ha establecido su trono para siempre. Nuestra comunión no será únicamente con Dios, sino con los santos de todos los tiempos y con todos aquellos que han confiado en el Señor para recibir gracia y salvación. Podrá pasar todo el tiempo que desee con Abraham y Pedro. No hay afán, tenemos toda la eternidad.

Juan estaba constreñido en su descripción de la Nueva Jerusalén porque el lenguaje humano es limitado. El cielo será más hermoso que cualquier cosa que podamos imaginar. Lo que veremos y experimentaremos allí excede los límites del pensamiento presente. Más aún, podemos desempacar nuestro equipaje por última vez porque nos quedaremos ahí. ¡Para siempre es muchísimo tiempo!

Una noche, una madre leía historias sobre Jesús a su hijita, la cual soñaba cada noche con Jesús. Por la mañana le dijo a su madre: «Soñé con Jesús ¡y es mucho más hermoso que los dibujos del libro!».

«Aquel que es el testigo fiel de todas esas cosas dice: "¡Sí, yo vengo pronto!" ¡Amén! ¡Ven, Señor Jesús! Que la gracia del Señor Jesús sea con el pueblo santo de Dios» (Ap. 22:20-21).

Reflexión y cambio personal

1. ¿Reflexiona usted con frecuencia acerca de cómo será el cielo? ¿Qué es lo que más anhela ver cuando llegue?
2. La Biblia sí ofrece información interesante acerca del cielo. ¿Qué clase de cuerpo tendremos allá? ¿Qué será diferente en el funcionamiento del cuerpo?
3. Estamos demasiado acostumbrados a las cosas de esta vida terrenal. Lea Apocalipsis 21:22-23. ¿Qué cosas no estarán en el cielo? ¿Qué nuevas experiencias nos esperan allí?
4. Según las Escrituras, ¿qué clase de privilegios disfrutaremos en el cielo?
5. La Biblia nos dice que serviremos a Cristo «por siempre y para siempre» (Ap. 22:5). En este momento, todo lo que esto supone puede ser mera especulación. ¿Qué actividades se imagina usted que podríamos hacer y que nos mantendrían ocupados por la eternidad?
6. Versículos adicionales para memorizar: Filipenses 3:20-21; Apocalipsis 21:21-27.

CONCIENCIA

Hebreos 10:22. *Entremos directamente a la presencia de Dios con corazón sincero y con plena confianza en él. Pues nuestra conciencia culpable ha sido rociada con la sangre de Cristo a fin de purificarnos, y nuestro cuerpo ha sido lavado con agua pura.*

1 Juan 3:21-22. *Queridos amigos, si no nos sentimos culpables, podemos acercarnos a Dios con plena confianza. Y recibiremos de él todo lo que le pidamos porque lo obedecemos y hacemos las cosas que le agradan.*

Una conciencia limpia constituye una motivación poderosa para servir al Señor con gozo y paz.

La conciencia es la facultad de nuestra alma que juzga todo lo que hacemos, ya sea para aprobar o para desaprobar nuestras acciones. Alguien dijo que es la parte de nuestro ser que nos hace sentir como si fuéramos observados. Aunque nos hayamos criado en culturas diferentes, con padres diferentes y expectativas diferentes, todos hemos sentido la voz condenatoria de nuestra conciencia, que nos dice que «nos hemos equivocado». Y como una mancha de salsa de tomate en una camisa blanca, una mancha en nuestra alma no desaparecerá a menos que usemos un poderoso detergente. Pregúntele a Lady Macbeth, un personaje de Shakespeare que pensó que si lavaba sus manos ensangrentadas se quitaría la culpa del asesinato. Pero ella descubrió que el agua no limpiaba sus manos, ¡y en cambio sus manos tiñeron el río de sangre!

El Nuevo Testamento habla de cuatro tipos de conciencia. Primero, hay una conciencia *débil* (1 Co. 8:7).

Esto se refiere a los cristianos en los tiempos de Pablo que pensaban que era pecado comer carne que había sido sacrificada a los ídolos. No eran conscientes de que, como creyentes, ellos podían comer ese tipo de carne porque su lealtad a Jesús anulaba su lealtad a los dioses paganos que adoraban antes. Esto nos recuerda que aunque algunas cosas siempre son incorrectas y otras son siempre correctas, también hay las que son un asunto de conciencia personal que cada persona determina.

Segundo, hay una conciencia *muerta*. Esta es la conciencia dentro del individuo que está tan decidido a pecar o a mantener su hipocresía, que su voz interior es silenciada. «Estas personas son hipócritas y mentirosas, y tienen muerta la conciencia» (1 Ti. 4:2). Esta clase de persona puede, con el tiempo, volverse un sociópata que hace daño a los demás sin sentir la menor punzada de remordimiento o de culpa.

Tercero, está la conciencia *corrompida*. «Todo es puro para los de corazón puro. En cambio, para los corruptos e incrédulos nada es puro, porque tienen la mente y la conciencia corrompidas» (Tit. 1:15). Piense en el hombre inmoral que mantiene su pecado cuidadosamente oculto pero debe vivir consigo mismo día tras día. Es incapaz de gozar de algo puro porque todo lo que hace y piensa está corrompido.

Por último, existe la *buena* conciencia, aquella que nos faculta para hacer lo correcto, y que nos da el valor y la fortaleza cuando experimentamos éxito o fracaso. Una buena conciencia es la que está libre de acusaciones. De nuevo nos remitimos a Pablo: «Por esto, siempre trato de mantener una conciencia limpia delante de Dios y de toda la gente» (Hch. 24:16). Por supuesto, hubo un tiempo en que la conciencia de Pablo no estaba limpia en absoluto. Recuerde que, antes de convertirse al cristianismo, Pablo encarcelaba creyentes e incluso aprobaba sus ejecuciones.

Entonces la pregunta para usted y para nosotros es la siguiente: ¿Cómo podemos tener una conciencia buena o limpia? La respuesta tiene dos partes. La primera es confesar nuestros pecados y recibir la limpieza del Señor para nuestra conciencia. «Pero si confesamos nuestros pecados a Dios, él es fiel y justo para perdonarnos nuestros pecados y limpiarnos de toda maldad» (1 Jn. 1:9). Confesar nuestros pecados significa que le damos a Dios la razón acerca de nuestro pecado, es decir, que confesamos con sinceridad lo que hemos hecho y asumimos la responsabilidad de todos nuestros actos. Cuando hacemos esto no solo recibimos el perdón de Dios, sino que somos limpiados «de toda maldad». Eso significa que la condenación y el enojo contra nosotros mismos, que vienen como consecuencia de hacer el mal, son quitados. Si creemos que lo que Dios dice es verdad, ya no tenemos que vivir bajo la tiranía de la culpa y el remordimiento innecesario.

El segundo aspecto de la limpieza de nuestra conciencia tiene que ver con nuestras relaciones con otras personas. Recuerde que Pablo dijo que él tenía una conciencia limpia «delante de Dios y de los hombres». Con frecuencia, cuando pecamos es preciso buscar la reconciliación con otros. La persona que ha cometido adulterio tiene que limpiarse de su pecado hablando con un consejero, y casi sin falta confesándolo a su pareja. La persona que ha engañado a su compañía tiene que confesarlo y asumir las consecuencias. La persona que ha estallado en ira contra su cónyuge, su hijo, o un amigo, debe pedir perdón.

Sea cual sea el obstáculo que interfiera en la comunión con otros, debe ser confrontado a fin de que podamos disfrutar de una conciencia limpia. Por ejemplo, el famoso golfista Tiger Woods manifestó sentirse aliviado cuando sus múltiples aventuras amorosas quedaron al descubierto. Su conciencia culpable era una distracción que le robaba la paz. A pesar de lo doloroso que fue confesar en medio de su vergüenza y bochorno, ya no tenía que hacer un esfuerzo permanente por ocultar sus devaneos.

Las recompensas de una conciencia limpia son enormes: «Queridos amigos, si no nos sentimos culpables, podemos acercarnos a Dios con plena confianza. Y recibiremos de él todo lo que le pidamos porque lo obedecemos y hacemos las cosas que le agradan» (1 Jn. 3:21-22). Podemos trabajar y dormir con paz en nuestro corazón porque nuestra conciencia aprueba todo lo que hacemos.

Con nuestra conciencia tranquila, tenemos la confianza de que podemos dar testimonio de nuestra fe con gozo y seguridad.

Reflexión y cambio personal

1. ¿Qué hace nuestra conciencia?
2. Una conciencia limpia puede ser un poderoso incentivo. ¿Cuáles son algunos resultados de una conciencia limpia?
3. Comente los cuatro tipos de conciencia que menciona el Nuevo Testamento. ¿Qué representa cada uno?
4. ¿Qué podemos hacer para mantener una conciencia limpia?
5. Estudia 1 Juan 3:21-22. ¿Qué dice este pasaje acerca de las recompensas de una conciencia limpia?
6. Versículos adicionales para memorizar: Hebreos 9:14; 1 Juan 3:18-23.

LA CRUZ

1 Corintios 1:18. *¡El mensaje de la cruz es una ridiculez para los que van rumbo a la destrucción! Pero nosotros, que vamos en camino a la salvación, sabemos que es el poder mismo de Dios.*

Gálatas 6:14. *En cuanto a mí, que nunca me jacte de otra cosa que no sea la cruz de nuestro Señor Jesucristo. Debido a esa cruz, mi interés por este mundo fue crucificado y el interés del mundo por mí también ha muerto.*

En nuestros días, casi nadie comprende lo que significa la cruz. Esto se evidencia por el hecho de que es prácticamente imposible encontrar a alguien que hable mal de ella. La cruz sirve como amuleto para los deportistas, adeptos de la Nueva Era y estrellas de rock. Este instrumento de crueldad y vergüenza indescriptible es ahora un símbolo de unidad, tolerancia, y todo tipo de espiritualidad. El verdadero «mensaje de la cruz», como lo expresó Pablo, hace tiempo que ha desaparecido y ha sido en gran medida reemplazado por un mensaje reinterpretado que se acomoda a la mentalidad moderna. Muchos que llevan la cruz en su cuello se escandalizarían si comprendieran su verdadero significado.

Algunos, que quieren ser reconocidos como cristianos, interpretan la cruz como el tributo supremo al valor humano. Este es su razonamiento: «Ya que Dios estuvo dispuesto a enviar a su Hijo a morir por nosotros, nosotros poseemos un gran valor como personas. Por lo tanto, podemos usar la cruz como un medio de afirmar nuestra dignidad y reafirmar nuestra autoestima». De esta manera concluyen que las personas tienen el derecho a la bendición de Dios simplemente en virtud de lo que son. Una cruz así no constituye una ofensa para nadie, y tampoco sería catalogada como ridiculez. Nos recuerda un letrero que tenía la mesa de un vendedor en un festival en Guatemala: *Cruces baratas para la venta.*

La cruz no solo fue un instrumento que formaba parte de un modo cruel de ejecución. Significaba una profunda humillación para sus víctimas. Se usaba para ejecutar a los más execrables. Una crucifixión, con toda la tortura que le acompañaba, terminaba con la víctima desnuda, sin derechos, sin reputación, sin recurso de apelación. Así, la cruz no solo prueba el amor y la gracia de Dios hacia los pecadores, sino también la gravedad de nuestro pecado y rebelión contra Él. Para nosotros, amar el pecado equivale a amar el cuchillo que se usó para cometer un asesinato.

El sufrimiento de Jesús fue espantoso por la sencilla razón de que nuestro pecado es espantoso. Y debemos tener presente que el sufrimiento de Jesús no fue solamente físico. No fueron las laceraciones, la corona de espinas, y los clavos lo que más le hirió. Fue más bien el sufrimiento espiritual que soportó, cuando se rompió su comunión con el Padre durante las tres horas en la cruz. Ese fue el sufrimiento máximo que pudo experimentar. Fue el tipo de agonía que nunca hemos tenido que sufrir.

Hoy día se dice con frecuenica que Dios perdona a las personas en virtud de su amor, y no en base a un sacrificio expiatorio. La mente moderna no entiende que Dios no pudiera extender su gracia hacia los pecadores hasta que su justicia santa quedara satisfecha por completo. Para que Dios pudiera redimirnos, era preciso el acuerdo de todos sus atributos. En la cruz, la inflexible santidad de Dios colisiona con su amor, y el asunto de la salvación se solucionó satisfaciendo ambos aspectos. Con razón cuando nos acercamos a la cruz lo hacemos conscientes de que estamos frente a un bendito misterio.

Somos incapaces de comprender la cruz a menos que estemos preparados para abrazar tanto su horror como su belleza. Lo que le sucedió a Jesús debe ser visto tanto como un crimen execrable como un acto de amor digno de admiración. Más importante aún, debe ser visto como el mayor acercamiento de Dios. Fue Él quien eligió venir a nuestro lado del abismo para redimirnos. Dios hizo todo lo que era necesario para hacer posible la salvación.

Nadie puede permanecer neutral a los pies de la cruz. O se aviva nuestra devoción a Jesús, o nos alejamos resueltos a tomar nuestro propio camino. Inclinémonos ante la cruz con humildad, adoración, y gratitud, porque en ella fuimos redimidos para gloria eterna.

Dietrich Bonhoeffer tenía razón: «No es ante nosotros, sino ante la cruz que el mundo tiembla».

Reflexión y cambio personal

1. ¿Qué viene a tu mente cuando piensas en la cruz? Hemos visto 1 Corintios 1:18 y Gálatas 6:14. ¿Qué otros pasajes nos enseñan acerca de la cruz?
2. ¿Cuál es el mensaje central de la cruz? ¿Qué verdades clave podemos aprender de la experiencia de Cristo en la cruz?
3. Medita en la «profundidad» de la cruz. Piensa en la profundidad de nuestro pecado, la profundidad del amor de Dios, y la profundidad del sacrificio de Cristo. Comenta asimismo el significado eterno de la cruz.
4. Mientras estuvo en la cruz, Jesús soportó sufrimiento tanto físico como espiritual. La mayoría sabe acerca de

su sufrimiento físico. ¿Qué fue tan importante acerca de su sufrimiento espiritual?

5. En cierta manera, la cruz es un misterio para nosotros. ¿Por qué nadie puede permanecer neutral ante la cruz?
6. Versículos adicionales para memorizar: Romanos 5:8-9; Gálatas 2:20.

Nota: Este capítulo fue mayormente una adaptación de una parte del libro *Cries from the Cross* de Erwin W. Lutzer (Chicago: Moody Press, 2002), pp. 14-25.

DIOS

Salmo 90:2. *Antes de que nacieran las montañas, antes de que dieras vida a la tierra y al mundo, desde el principio y hasta el fin, tú eres Dios.*

Romanos 11:33. *¡Qué grande es la riqueza, la sabiduría y el conocimiento de Dios! ¡Es realmente imposible para nosotros entender sus decisiones y sus caminos!*

En nuestra cultura, decir «yo creo en Dios» es una afirmación carente de significado. La palabra *Dios* se ha convertido en un lienzo en el que las personas se sienten con la libertad para pintar sus propios retratos de lo divino. Para algunos, Él es «energía psíquica», y para otros «una fuerza interior» que nos lleva a una conciencia más profunda. Y la lista sigue. En síntesis, las personas conciben a Dios según les place.

Esto hace plantear una pregunta importante: ¿Cuál debe ser la fuente de nuestro conocimiento de Dios? Solo hay dos posibilidades. Una es empezar con el hombre y la razón, y ascender desde ahí, pero esto solo lleva a un concepto idolátrico que no es más que una imagen mejorada de nosotros mismos. Por lo general, nuestra generación tiene ideas de Dios que son producto de la imaginación humana. En la mente de algunos, Dios existe para adularnos, aprobar nuestra conducta, y satisfacer nuestros caprichos más profundos. La tolerancia es su atributo predominante.

La otra forma de entender a Dios es aceptar su revelación de sí mismo según aparece en la Biblia. Allí descubrimos a un Dios que no solo es grande sino personal, y digno de nuestra sumisión y adoración. Este Dios es también meticulosamente santo y juzga el pecado con severidad. Y, menos mal, también es un Dios de gracia que proveyó un camino por el cual pudiéramos llegar a conocerlo.

Hace siglos, el gran teólogo Agustín dijo que el pensamiento de Dios nos conmueve tan hondo que no podemos contentarnos sin alabarlo «porque nos creaste para ti y nuestro corazón no encuentra paz hasta que descansa en ti». Antes de que Agustín se volviera cristiano, fue un hombre inmoral. Gracias a las oraciones de Mónica, su madre, Agustín empezó a leer las Escrituras y experimentó una profunda conversión. Y repitió las palabras de David: «Como el ciervo anhela las corrientes de las aguas, así te anhelo a ti, oh Dios» (Sal. 42:1).

La Biblia afirma que hay un Dios, Creador de todas las cosas, santo, infinitamente perfecto, en quien todas las cosas se originan, se sustentan, y terminan. Este Dios tiene un conocimiento ilimitado y un poder soberano, y en su gracia ha determinado desde la eternidad redimir a un pueblo para sí y hacer todas las cosas nuevas para su gloria. Puesto que no está limitado en conocimiento o poder por ninguna fuerza externa o la voluntad de sus criaturas, todo lo que se propone se lleva a cabo. A Él debemos supremo amor, reverencia y obediencia (Ef. 1:3-5; 3:7-13; Ap. 4:11).[3]

Piensa por un momento que Dios ha existido desde la eternidad. Como reza el dicho, es algo que no nos cabe en la cabeza. Con todo, si aceptamos la proposición básica de que «de la nada surge la nada», entonces Dios, por ende, tenía que existir desde la eternidad. Si hubiera existido un tiempo en el que no hubo nada, entonces, ¡hasta hoy no habría nada! Solo un ser que ha existido siempre puede explicar el hecho de que algo exista en la actualidad. Sí, cuánta razón tienen las Escrituras cuando declaran: «Desde la eternidad y hasta la eternidad tú eres Dios».

Considere también la sabiduría y el conocimiento de Dios. Él conoce todas las cosas, tanto las reales como las posibles. En otras palabras, Él no solo sabe lo que ha sucedido en su universo, sino que también conoce los detalles de lo que hubiera sucedido bajo otras circunstancias. Es imposible comprender el asombroso número de datos que abarca el conocimiento de Dios. Dado que conoce con infalible claridad los detalles del pasado y posee un conocimiento exhaustivo del futuro, es evidente que podemos confiar en Él con todo nuestro corazón.

El Dios de la Biblia existe eternamente en una Trinidad (unidad trina) de tres deidades iguales: el Padre, el Hijo y el Espíritu Santo. Cada uno posee atributos personales distintos, pero sin división alguna en su naturaleza, esencia, o ser (Dt. 6:4: Mt. 28:18-20; He. 1:1-3, 8). Y dado que Dios es una trinidad, puede ser un Dios redentor.

Se adoran los miles de dioses del hinduismo, pero ninguno asevera perdonar pecados. El dios del islam puede ser misericordioso para perdonar a sus seguidores (aunque nadie pueda estar seguro) pero, al hacerlo, su justicia queda insatisfecha, porque los pecados que podría decidir perdonar no son expiados. Los budistas no creen en Dios como tal, pero alegan ser «uno» con lo que sea que existe, hallando así a «dios» dentro de sí mismos.

Piense en esto: la Biblia enseña que «la persona que peque es la que morirá» (Ez. 18:20). Y puesto que todos somos pecadores, todos debemos morir, tanto física como espiritualmente. Ningún ser humano común puede morir en nuestro lugar. No podemos hacer expiación por nuestro propio pecado, mucho menos por los pecados de alguien más. Pero si un sacrificio perfecto estuviera disponible, si existiera un ser humano perfecto cuyo sufrimiento fuera aceptable al Padre, podríamos ser redimidos.

De este modo, en Cristo, el Dios de la Biblia se

convirtió en un ser humano: uno perfecto, libre de pecado, divino, que satisfaría las demandas de justicia del Padre. Murió así en nuestro lugar para que pudiéramos ser perdonados justamente y aceptados por Dios. Su vida, que tuvo un valor infinito, fue suficiente para todos aquellos que creerían en Él.

Puesto que Dios es una trinidad, podía exigir un sacrificio por nuestros pecados *¡y luego proveer aquello que Él mismo requería!* Todas las normas meticulosas de su santidad se cumplieron debidamente en Cristo. Nuestra responsabilidad y privilegio es aceptar lo que Él ha hecho por nosotros. Un Dios semejante no solo es digno de nuestra adoración, sino también de nuestro amor y eterna gratitud.

¡Con razón la doctrina del Dios único en tres personas es la gloria de la fe cristiana!

Reflexión y cambio personal

1. ¿Qué nos dice Génesis 1:1 acerca de la naturaleza de Dios?
2. ¿Cuáles son las dos fuentes posibles de nuestro conocimiento de Dios? ¿Qué diferencias hay entre ellas?
3. ¿Qué nos dice la Biblia acerca de los atributos y del carácter de Dios?
4. Intente explicar por qué Dios, por lógica, tenía que existir desde la eternidad.
5. La Biblia enseña que Dios existe como un ser trino. Lea Deuteronomio 6:4, Mateo 28:18-20, y Hebreos 1:1-3, 8. Describa brevemente la Trinidad. ¿De qué forma es cada miembro único? ¿Qué sabemos acerca de la función de cada miembro?

6. ¿Cuáles son algunos de los elementos del cristianismo que lo separan de las otras religiones del mundo?
7. Versículos adicionales para memorizar: Isaías 40:25-26, 28-29; 57:15; Daniel 4:35; Hebreos 1:2-3.

DISCERNIMIENTO

Hebreos 5:14. *El alimento sólido es para los que son maduros, los que a fuerza de práctica están capacitados para distinguir entre lo bueno y lo malo.*

Proverbios 3:5-7. *Confía en el SEÑOR con todo tu corazón, no dependas de tu propio entendimiento. Busca su voluntad en todo lo que hagas, y él te mostrará cuál camino tomar. No te dejes impresionar por tu propia sabiduría. En cambio, teme al SEÑOR y aléjate del mal.*

El discernimiento es la capacidad de elegir conforme a una norma bíblica que glorifica a Dios, y edifica y hace bien a nosotros mismos y a los que están a nuestro alrededor. Desgraciadamente, muchos cristianos extraen sus normas de conducta de la cultura que los rodea. La ropa que visten, las películas que ven, la forma en que gastan su dinero, y cómo guían e instruyen a sus hijos está influenciado por la sociedad. Hacen lo que les hace sentir bien e imitan lo que hacen otros sin hacerse estas preguntas fundamentales: ¿Qué dice Dios acerca de esto? ¿Cuál es su norma? Ellos olvidan que nosotros, como hijos de Dios, estamos llamados a una norma más elevada y a un estilo de vida muy diferente al del mundo.

La influencia y la presión de nuestra sociedad decadente y saturada de inmoralidad sexual afectan la forma de vestir, el entretenimiento (películas, televisión, internet), la música, la publicidad, la educación, los deportes, la recreación, el turismo, y prácticamente cada aspecto de la vida. Los padres deben ser diligentes y usar el discernimiento para ayudar a proteger a sus hijos, en cuantas maneras sea posible, de la maldad sutil que impregna el mundo a su alrededor. No le dé miedo decir *no* a amigos, eventos y cosas que chocan con una norma bíblica.

¡Proteja a sus hijos como una osa protege a sus cachorros! Desarrolle un programa dirigido y determinado para proteger a sus hijos de todo lo que busque contaminarlos con contenidos sexuales o inmorales, engañar sus corazones y afectos, y desviar su deseo y necesidad de conocer y agradar a Dios. Esto incluye instalar filtros en las computadoras de su casa, monitorear las actividades y los amigos de sus hijos, y no permitir que sus niños tengan un televisor en su propia habitación.

Debemos prestar atención a la instrucción de 1 Juan 2:15-17, que dice:

> No amen a este mundo ni las cosas que les ofrece porque cuando aman al mundo, no tienen el amor del Padre en ustedes. Pues el mundo sólo ofrece un intenso deseo por el placer físico, un deseo insaciable por todo lo que vemos y el orgullo de nuestros logros y posesiones. Nada de eso proviene del Padre, sino que viene del mundo; y este mundo se acaba junto con todo lo que la gente tanto desea; pero el que hace lo que a Dios le agrada vivirá para siempre.

En este pasaje, el apóstol Juan nos advierte acerca de tres cosas. La primera es «un intenso deseo por el placer físico», es decir, los deseos sexuales prohibidos que abarcan un amplio rango de manifestaciones: pornografía, adulterio, promiscuidad, homosexualidad, lujuria, y otros similares. La segunda es «un deseo insaciable por todo lo que vemos», lo cual significa codicia, o desear lo que no es nuestro. La industria publicitaria sabe que cuenta con nuestras ansias de tener lo que otros tienen, de manera que intenta hacernos sentir insatisfechos con todo, desde el dentífrico que usamos hasta los autos. La tercera es «el orgullo de nuestros logros y posesiones», que puede definirse como el amor propio y ensimismamiento. Amar al mundo es, en el fondo, adorar al dios del yo, es decir, a nuestra inclinación por satisfacer deseos legítimos de manera equivocada. Cuando el pecado tiene el control, el placer que producen la realización y la protección personales se convierte en nuestra ocupación primordial.

¿Por qué es tan grave el amor al mundo? Si amamos el pecado, no solo amamos lo que Dios odia, sino que amamos aquello que puso a Jesús en la cruz. Pedir a las personas, incluso a las que siguen a Cristo, que renuncien a los pecados que alimentan sus deseos es algo que genera conflicto. Pero si queremos llegar a ser cristianos con discernimiento, debemos preguntarnos todo el tiempo: ¿es esta la clase de música que yo oiría o la clase de película que yo vería si Jesús estuviera aquí para cenar? En 1 Corintios 6:12 Pablo dijo: «Ustedes dicen: "Se me permite hacer cualquier cosa", pero no todo les conviene. Y aunque "se me permite hacer cualquier cosa", no debo volverme esclavo de nada».

Respondamos con franqueza esta pregunta: ¿Controlamos el entretenimiento que permitimos en nuestra vida? O ¿somos controlados, e incluso estamos obsesionados con la necesidad de películas, espectáculos televisivos, música, e Internet? Si algo nos controla, tengamos la entereza de reconocerlo y de pedir a Dios la fortaleza y la sabiduría para controlarlo.

Los cristianos que disciernen harán caso a esta advertencia: «Así que tengan cuidado de cómo viven. No vivan como necios sino como sabios. Saquen el mayor provecho de cada oportunidad en estos días malos» (Ef. 5:15-16). Cuando Pablo dijo que debíamos sacar «el mayor provecho de cada oportunidad», usó una frase griega que nos insta a redimir el tiempo, lo cual quiere decir que necesitamos comprar tiempo en el mercado. Hay tantas exigencias para nuestro tiempo en la actualidad, que tenemos que sacar tiempo para las cosas que son importantes para Dios.

Hagámonos algunas preguntas difíciles: ¿Estamos satisfechos con la manera en que gastamos nuestro tiempo? ¿Qué clase de resultados cosechamos del número de horas que invertimos viendo televisión semanalmente? El tiempo gastado, ¿nos hace acaso mejores? ¿Ha mejorado nuestro carácter? Imagine lo que pasaría si invirtiéramos más tiempo leyendo la Biblia, orando, e interesándonos en las vidas de otros.

Algún día desearemos oír a nuestro Señor decir: «¡Bien hecho! Eres un buen siervo» (Lc. 19:17). Cada uno de nosotros debe tomar una decisión consciente: ¿de qué aspecto del mundo quiere el Señor liberarme? ¿Que cosas de las que amo perjudican mi devoción y amor a Dios, y mi compromiso con mi familia?

Como cristianos, como portadores de luz en medio de un mundo oscuro, nuestra necesidad más grande es llevar una vida justa y asegurarnos de que nuestro hogar refleje una norma de vida bíblica. Sin discernimiento, nuestras vidas quedarán atiborradas de cosas que entristecen a Dios y estorban nuestra comunión con Él.

Reflexión y cambio personal

1. ¿Cómo define el discernimiento en lo que atañe a su estilo de vida? ¿Cómo determina lo que es claramente bueno y lo que es claramente malo?
2. Cite ejemplos de cómo nuestros valores provienen con frecuencia de la cultura contemporánea, y no de la Biblia.

3. ¿Cuáles son algunas medidas que pueden tomar los padres para proteger a sus hijos de las influencias malignas de la industria del entretenimiento?
4. Según 1 Juan 2:15-17, ¿por qué es tan grave el amor al mundo?
5. ¿Cómo podemos «sacar el mayor provecho» del tiempo en estos días malos?
6. Versículos adicionales para memorizar: Salmos 1:1-3; 34:11-14; Proverbios 2:10-13.

ESPERANZA

Romanos 8:28. *Y sabemos que Dios hace que todas las cosas cooperen para el bien de los que lo aman y son llamados según el propósito que él tiene para ellos.*

Romanos 15:13. *Le pido a Dios, fuente de esperanza, que los llene completamente de alegría y paz, porque confían en él. Entonces rebosarán de una esperanza segura mediante el poder del Espíritu Santo.*

¿En qué se refugia usted cuando los días son oscuros y las noches interminables, cuando sufre una pérdida inesperada o un dolor insoportable? Hay esperanza en Romanos 8:28. Esta formidable promesa no nos permite ver con exactitud *por qué* Dios permite que sucedan ciertas cosas, y tampoco es una cura rápida para la tristeza. Sin embargo, es una promesa a la que podemos aferrarnos porque sabemos que Dios usa todo para nuestro bien.

Hace poco asistimos al funeral de un amigo que tenía una forma muy extraña de cáncer. Murió a los 64 años. No le dijimos a su viuda y a sus hijos: «Enjuguen sus lágrimas porque todas los cosas obran para bien a quienes aman a Dios». Eso sería desconsiderado e hiriente. Aún así, con el paso del tiempo su amada viuda hallará gran solaz en estas palabras.

Esta promesa es solo para aquellos que aman a Dios y que son llamados conforme a su propósito. Cuando Dios nos llama, experimentamos una conversión, y Él crea en nuestros corazones un amor sobrenatural por Él.

También tenemos la seguridad de que esta promesa es verdad. Pablo empezó Romanos 8:28 con las palabras:

«Y sabemos...». Podemos tener una seguridad profunda y estable, inspirada por el Espíritu Santo, de que su promesa es verdadera y confiable. Podemos saber que es verdad no porque la veamos con nuestros propios ojos, sino porque creemos en el cuidado de un Dios amoroso y soberano.

Las palabras «todas las cosas» de Romanos 8:28 quieren decir que *todo* obra para bien. La vida es caótica y no es siempre fácil entenderla, pero Dios hace que todo convenga. Él usa las cosas rectas como su pueblo y su Palabra. Usa las cosas negativas como la enfermedad, la pérdida de un ser querido, los reveses económicos, e incluso el maltrato y el divorcio. Esto significa que Dios es poderoso de tomar lo que está diseñado para hacer daño, e incluso nuestros enemigos, para usarlos para nuestro bien. Esto no significa que todo lo que sucede sea bueno, sino que Dios hará que todas las cosas cooperen para bien.

Dios se sirve hasta de los pecados que cometemos para sacar algo bueno. No me malinterprete. El pecado nunca tiene justificación, y si pecamos para que la gracia abunde, seremos disciplinados por nuestra desobediencia. Pero sí, Dios es poderoso para tomar nuestro pecado y usarlo de maneras que ni siquiera podemos imaginar. Él puede usarlo para ayudarnos a vernos a nosotros mismos con mayor claridad, y para que nos demos cuenta de nuestra gran necesidad de Él. Al final, si nos arrepentimos, podemos acercarnos más que nunca a Dios. El Salmo 119:67 dice: «Yo solía desviarme, hasta que me disciplinaste; pero ahora sigo de cerca tu palabra».

Es posible que se pregunte: *¿Puede Dios realmente hacer que la maldad, el pecado, las falsas acusaciones, las relaciones rotas, la crueldad, la traición, los celos y el abandono cooperen para nuestro bien?* La respuesta es sí, porque Jesús experimentó todas estas cosas en sus últimas horas. El Calvario es el ejemplo supremo de cómo Dios puede tomar algo que es completa y absolutamente malo y por medio de eso manifestar su gracia. Él usó el Calvario tanto para nuestro bien como para su gloria. Manos malvadas crucificaron a Cristo, y sus enemigos serán juzgados cabalmente por lo que hicieron. Con todo, nuestra salvación vino de la cruz. Esa constituye la prueba máxima de que del mal puede salir el bien.

Pablo dijo que todas las cosas «cooperan para el bien». El término griego usado aquí es *sunergeo*, del que se deriva la palabra *sinergia*, que denota la acción conjunta de diferentes causas «cuyo efecto es superior a la suma de los efectos individuales».[4] *Sun* significa «juntos» y *ergeo* significa «operar». Dios obra, y Él hace que cooperen todas las cosas. Dios conoce el futuro a un grado que usted y yo somos incapaces de comprender, y Él hace que todo coopere para bien.

¿Ha abierto alguna vez un reloj viejo? Alguno de esos engranajes en forma de rueda giran en la misma dirección de las manecillas, mientras que otros lo hacen en el sentido contrario. Algunos giran más rápido, y otros se mueven lentamente. Si observa únicamente el mecanismo pensará que algunos de esos engranajes diminutos entorpecen la función del reloj. Pero cuando mira el frente del reloj y nota que da la hora con precisión, estará de acuerdo en afirmar que todas las partes cooperan para bien.

Con esto en mente, un día que para usted resulta muy malo puede ser muy bueno desde la perspectiva divina. Dios hace posible una sinergia de los sucesos de su vida de tal modo que, con el tiempo, todos cooperen para su bien. La promesa de Romanos 8:28 nos enseña que mediante su poder y su gracia Dios teje, controla, y hace que los acontecimientos converjan de tal manera que de la tragedia humana surja algo bueno.

El hijo de un pastor se suicidó. Después de ausentarse

del púlpito durante varias semanas, el pastor volvió y leyó Romanos 8:28 a su congregación, y dijo: «Es imposible para mí ver cómo puede salir algo bueno de la muerte de mi hijo, pero soy consciente de que solo puedo ver una parte». Entonces habló acerca de lo que llamó el milagro del astillero.

Él explicó: «Un barco moderno está hecho principalmente de acero. Si usted pone cualquiera de sus partes por separado en el océano, se hunden. Sin embargo, por la manera como se arman todas las partes, tras poner el último remache en su sitio, el barco flota, contra todo pronóstico». Entonces añadió: «Si se toma aisladamente, el suicidio de mi hijo no tiene sentido. Si se arroja en el mar de Romanos 8:28 se hundirá. Yo no puedo ver bien alguno en eso. Pero cuando un constructor de barcos experto ha terminado su obra, aun esta tragedia puede encajar de tal manera que sirva para el propósito de Dios, el cual es imposible de hundir».

¡Vaya fe!

Con razón Pablo se refirió a Dios como «fuente de esperanza» en Romanos 15:13. Él conectó esta esperanza con gozo y paz personal, y nos invita a abundar en esperanza por el poder del Espíritu Santo. El cristiano puede experimentar muchas tragedias, pero nunca son permanentes. Para el que no es cristiano, no hay triunfos permanentes. Si usted no ama a Dios, *no* está llamado según su propósito, y la promesa de Romanos 8:28 no funciona en su caso. Puede que usted exista para el bien de Dios pero, en última instancia, usted nunca existirá para su propio bien.

Para aquellos que conocen a Dios, abunda la esperanza. Quienes conocen al Salvador pueden descansar su cabeza sobre la almohada de una esperanza insuperable. Ninguna tragedia es permanente, y no hay corazón roto que no sane.

Esta es una promesa en la que puede confiar.

Reflexión y cambio personal

1. Lea Romanos 8:28. ¿Qué significa este versículo para usted? ¿Por qué cree que los creyentes se aferran a esta promesa?
2. ¿Qué quiere decir «todas las cosas»? ¿Incluye esto tanto las cosas buenas como las malas? ¿Qué puede hacer Dios con las cosas malas?
3. ¿Qué padeció Cristo en las horas previas a su crucifixión y muerte? Compare este escenario de aparente desesperanza con la victoria de la cruz.
4. ¿Qué significa la expresión «cooperar para el bien»? Recuerde un momento de su vida en el que Dios tomó una situación mala para convertirla en un buen final. ¿Había perdido la esperanza antes de que Dios hubiera terminado su obra?
5. En Romanos 15:13 Pablo relaciona la esperanza con el gozo y la paz. «Entonces rebosarán de una esperanza segura» denota una acción poderosa ligada al poder del Espíritu Santo. ¿Qué significa para el cristiano esta esperanza sobreabundante en el transcurso de la vida?
6. Versículos adicionales para memorizar: Salmos 39:7-8; 71:14-16.

EL ESPÍRITU SANTO

Juan 7:37-39. *El último día del festival, el más importante, Jesús se puso de pie y gritó a la multitud: «¡Todo el que tenga sed puede venir a mí! ¡Todo el que crea en mí puede venir y beber! Pues las Escrituras declaran: "De su corazón, brotarán ríos de agua viva"». (Con la expresión «agua viva», se refería al Espíritu, el cual se le daría a todo el que creyera en él; pero el Espíritu aún no había sido dado, porque Jesús todavía no había entrado en su gloria).*

Gálatas 5:22-23. *En cambio, la clase de fruto que el Espíritu Santo produce en nuestra vida es: amor, alegría, paz, paciencia, gentileza, bondad, fidelidad, humildad y control propio. ¡No existen leyes contra esas cosas!*

Adoniram J. Gordon, uno de los fundadores del seminario Gordon-Cornwell, contó acerca de una ocasión en la que vio al otro lado de un campo lo que le pareció que era un hombre bombeando agua. Parecía que el hombre lo hacía sin esfuerzo y sin parar. Cuando Gordon se acercó, descubrió que no se trataba de un hombre que bombeaba agua, sino de una figura de madera pintada en forma de hombre. De hecho, la figura no bombeaba agua. Simplemente estaba enganchada al mecanismo de una bomba, y un pozo artesiano generaba la energía para activar un mecanismo que movía la figura. No era la figura lo que bombeaba agua, ¡era el agua del pozo lo que empujaba la figura!

Jesús comparó el don del Espíritu Santo con un pozo

de agua viva, la cual brotaría de nuestro interior y nos llevaría a la vida eterna. Como el agua a la tierra reseca, el Espíritu Santo brinda refrigerio y auxilio a nuestras almas agotadas. Jesús ofrece esta agua en abundancia a todos los que están sedientos y dispuestos a venir a Él y beber.

Lea nada más la invitación de Jesús en la fiesta judía de los tabernáculos: «El último día del festival, el más importante, Jesús se puso de pie y gritó a la multitud: "¡Todo el que tenga sed puede venir a mí! ¡Todo el que crea en mí puede venir y beber! Pues las Escrituras declaran: 'De su corazón, brotarán ríos de agua viva'"» (Jn. 7:37-38).

Jesús prometió no solo un río, sino ríos en plural. Todos los que beban tendrán su propio pozo artesiano en su interior. Él invita con voz fuerte a todos aquellos que están cansados de la religion vacía, a todos los que están hartos de los afanes mundanos.

Este don del Espíritu Santo es dado a los sedientos: «Todo el que tenga sed». Aquellos que tienen sed espiritual conocen la diferencia entre estar satisfecho con Dios, y buscar la satisfacción en los estanques vacíos del mundo. Por desdicha, algunos creen que no tienen sed porque extraen a duras penas una gota de satisfacción de los ríos estancados de sensualidad y ambición personal. No saben que nacieron con una sed atroz que solo Jesús puede calmar.

La mujer que encontró a Cristo en el pozo se había casado cinco veces y vivía con un sexto hombre que no era su marido. Ella no podía esperar recibir de un esposo o de sus amigos consuelo y esperanza. Pero Cristo le ofreció agua viva que da vida eterna (Jn. 4:14). Le ofreció recursos interiores que traerían limpieza a su conciencia atormentada y le ayudarían a lidiar con el dolor de sus fracasos matrimoniales.

Jesús introdujo el ministerio del Espíritu Santo a sus discípulos antes de su muerte. Habían llegado a depender de Jesús para todo, y cuando Él anunció que los iba a dejar, se sintieron abandonados. Jesús no estaría con ellos para contestar sus preguntas, enseñarles, o brindar soluciones a los desafíos de su vida diaria. Habían llegado a amarle profundamente, y ellos sabían que su ausencia les afectaría en gran manera.

Jesús los animó con estas palabras: «Y yo le pediré al Padre, y él les dará otro Abogado Defensor, quien estará con ustedes para siempre... No los abandonaré como a huérfanos; vendré a ustedes» (Jn. 14:16, 18). Los discípulos no estarían huérfanos. De hecho, gracias al don del Espíritu Santo, Jesús les prometía: «estaré más cerca de ustedes de lo que he estado antes». Esa promesa se cumplió con la venida del Espíritu, la tercera persona de la Trinidad.

¿Cuál es su necesidad hoy? ¿Compañerismo? El Espíritu Santo está con usted. ¿Consuelo? El Espíritu Santo está listo para ayudar. ¿Necesita un abogado? Él está dispuesto a defender su caso. Y si su tristeza es tan profunda que no sabe cómo orar, el Espíritu Santo intercederá con gemidos que no pueden expresarse con palabras (Ro. 8:26).

Muchos cristianos abrigan falsas ideas acerca del Espíritu Santo. Por ejemplo, hay los que piensan que el Espíritu solo mora en algunos cristianos y no en todos. Puede estar seguro de que todos los cristianos tienen al Espíritu Santo (Ro. 8:9; 1 Co. 6:19). El Espíritu que mora en nosotros nos sella hasta el día de la redención, y confirma que somos hijos de Dios, y de ese modo nos garantiza que seremos llevados a salvo al cielo (Ef. 1:14; 5:30). Sin embargo, no experimentaremos la vida y el poder del Espíritu si lo contristamos con el pecado que rehusamos confesar o abandonar.

Aunque el Espíritu *mora* en todos los creyentes, no todos están *llenos* del Espíritu. Ser lleno del Espíritu significa experimentar la dirección tierna del Espíritu Santo que rige nuestras vidas. Ser lleno del Espíritu significa que el Espíritu reproduce su fruto en nuestro interior. Nunca debemos pensar que la plenitud del Espíritu es solamente para una élite espiritual de cristianos. Me gusta decir a la gente que el Espíritu no es dado solo a aquellos que «cumplen con todos los requisitos» sino al resto de nosotros a fin de que podamos «llegar a cumplirlos». Sin embargo, a fin de poder disfrutar del ministerio del Espíritu, debemos cumplir algunos requerimientos básicos.

Se nos advierte que debemos mantener nuestro templo limpio por medio de la confesión de pecado y la sumisión a Dios (1 Co. 6:19). Nuestros cuerpos son templo del Espíritu Santo, y Él quiere tener la llave de los armarios ocultos de nuestro corazón. No debemos contristar al Espíritu al permitir que algunos problemas aniden en nuestro corazón y obliguen al Espíritu Santo a convivir con pecados no confesados. Es imposible exagerar cuánto sufre el Espíritu Santo cuando habita en un templo impuro. Él se pone triste porque nos ama, y porque sabe el daño que el pecado causa a nuestra vida. Cuando él entristece, no se siente a gusto en nuestros corazones, y su ministerio en nosotros se apaga.

Si queremos experimentar la plenitud del Espíritu también necesitamos fe. F. B. Meyer, un predicador de otra época, contó cómo buscaba desesperadamente la plenitud del Espíritu Santo. Él sabía que el Espíritu moraba en él, pero parecía que no podía recibir la ayuda del Espíritu para el ministerio. Dijo que salió de una reunión y caminaba pesadamente en la noche orando y pensando en lo que le hacía falta. En esencia, esto fue lo que dijo: «Señor, si hay alguien que necesita la plenitud del Espíritu, soy yo. Pero estoy demasiado cansado, mis nervios están hechos polvo, demasiado exhausto para permanecer, y aún así necesito con desesperación el refrigerio del Espíritu».

Entonces relató que le pareció oír una voz que dijo: «Al igual que tomaste el perdón de manos del Cristo agonizante, puedes tomar el refrigerio del Espíritu de manos del Cristo ascendido». Luego, con fe sencilla dijo: «Entonces lo tomé por primera vez y lo he tomado desde entonces». Recibimos los beneficios de la cruz por la fe, y también recibimos por fe los beneficios de la ascensión, a saber, la plenitud del Espíritu.

Hace años, cuando los arqueólogos entraron en las antiguas pirámides en Egipto, descubrieron grano de 4000 años de antigüedad. Aunque parecía increíble, cuando sembraron el grano, ¡este germinó! La vida en el interior del grano se conservó durante todos esos siglos, a pesar de no tener las condiciones adecuadas para germinar. Bajo el calor del sol y con un suelo húmedo, la dura concha se suavizó y la vida empezó a brotar. Cuando el agua del Espíritu y la luz del sol de la Palabra de Dios llegan a nuestra vida, el resultado es que la vida del Espíritu empieza a activarse en nuestro interior.

En efecto, hoy el Espíritu Santo nos invita diciendo: «Voy a desarrollar una relación estrecha contigo. Te ayudaré a caminar. Te ayudaré a hacer frente a cada circunstancia de la vida. Te ayudaré en medio de tu prueba. Renovaré tu espíritu». Esta invitación es para todos los que han conocido a Jesús personalmente. ¿Está usted dispuesto? ¡El Espíritu lo está!

Nadie que haya caminado a lo largo de un desierto diría: «¡Un buen sorbo de agua es suficiente para toda la semana!». No. Cuando usted está atravesando un desierto necesita agua cada día, cada hora. Cuando a D. L. Moody, el evangelista del siglo XIX, le preguntaron por qué necesitaba ser lleno del Espíritu con tanta frecuencia, respondió con sencillez: «Porque tengo una fuga».

¿Cada cuánto tenemos que beber del Espíritu? Cada

vez que tengamos sed, cada vez que tengamos una necesidad, cada vez que tengamos una fuga. Acudamos a Cristo no con una taza, sino con un cubo, con la confianza de que nos dará el refrigerio que ha prometido.

Reflexión y cambio personal

1. ¿Cuál es el don del Espíritu Santo? ¿Por qué Jesús nos envía el Espíritu?
2. ¿Cuál es la sed que calman «los ríos de agua viva»? Compare los ríos de agua viva con los abrevaderos del mundo. ¿Por qué los métodos del mundo para calmar nuestra sed espiritual nunca satisfacen?
3. Como creyentes, ¿qué beneficios específicos recibimos del ministerio del Espíritu Santo?
4. Lea 1 Corintios 6:19. Puesto que el cuerpo del creyente es el templo del Espíritu Santo, ¿cuál es la responsabilidad del creyente? ¿Qué entristece al Espíritu?
5. ¿Cuál es la clave para que un creyente experimente la plenitud del Espíritu?
6. Versículos adicionales para memorizar: Juan 14:25-26; 16:13; Romanos 8:11; Hebreos 9:14.

LA GLORIA DE DIOS

1 Corintios 10:31. *Así que, sea que coman o beban o cualquier otra cosa que hagan, háganlo todo para la gloria de Dios.*

2 Corintios 3:18. *Así que, todos nosotros, a quienes nos ha sido quitado el velo, podemos ver y reflejar la gloria del Señor. El Señor, quien es el Espíritu, nos hace más y más parecidos a él a medida que somos transformados a su gloriosa imagen.*

La palabra *gloria* es un término poderoso en nuestro idioma, y nos remite de inmediato a palabras como *alabanza*, *dignidad*, y *honor*. En el Antiguo Testamento, la gloria de Dios era una expresión de su santidad. Cuando Dios estaba con su pueblo, su gloria era visible. Cuando era contristado por causa del pecado, la gloria se iba. La gloria de Dios denota su esencia; es la expresión de su presencia personal. Vivir para la gloria de Dios significa que honramos a Dios con nuestras respuestas ante las circunstancias de la vida. Lo importante no es si podemos eludir el sufrimiento y el dolor, si somos ricos o pobres, felices o infelices, sino si Dios recibe la gloria por medio de la fe que demostramos y de nuestra devoción sincera a Él. Por supuesto, nuestro ejemplo es Jesús, el cual no buscó lo suyo, sino que estuvo dispuesto a sufrir la cruz para la gloria de Dios.

Cuando el apóstol Pablo dijo que debíamos comer y beber «para la gloria de Dios» se refería a vivir la totalidad de la vida, incluso los aspectos banales, para la gloria de Dios. En la época medieval muchas personas pensaron que solo las obras de carácter religioso, como elevar una oración o dar limosnas, eran agradables a Dios. Pero el gran reformador Martín Lutero declaró que no es la obra en sí misma lo que agrada a Dios, sino más bien la actitud de adoración con que la llevamos a cabo. Eso es lo que cuenta.

Elisabet Elliot, cuyo esposo fue asesinado junto con otros cuatro misioneros en Ecuador, trabajó después arduamente y con ayuda de un informante para descifrar un lenguaje y transcribirlo en una época en la que no existían fotocopiadoras o computadoras. La maleta en la cual archivó el trabajo de dos años de traducción fue robada, y ella tuvo que volver a empezar todo de nuevo. Cuando se le preguntó si estaba enojada por el robo de lo que representaba dos años de arduo trabajo, ella dijo: «No. Este fue un acto de adoración a Dios. Lo que hice por Él no se perdió». ¡*Eso* sí es trabajar para la gloria de Dios!

En lo que respecta a las dificultades de la vida, nuestra primera preocupación no debe ser cómo disminuir nuestros dolores o cómo lograr que las circunstancias se acomoden a nuestro agrado, sino más bien cómo podemos reaccionar de tal manera que honremos a Dios. Cada mañana, antes de levantarnos de nuestra cama, deberíamos orar: «Dios mío, glorifícate hoy en mi vida, ¡y que sea a expensas de mí!». Solo cuando estemos dispuestos a orar así habremos decidido vivir para la gloria de Dios. Y cuando estamos dispuestos a vivir con el único objetivo de glorificar a Dios, descubriremos que hacerlo ayudará a aminorar el estrés de nuestra vida. Ya no estaremos ansiosos procurando que todo salga perfecto. En vez de eso, aceptaremos, como algo que viene de la mano de Dios, aquellos sucesos que están fuera de nuestro control. Y respecto a aquello que sí podemos controlar, nos contentaremos con hacerlo para alegrar y glorificar a Dios.

En 2 Corintios 3:18 el apóstol Pablo dijo que la gloria de Dios debería reflejarse en nuestra vida: «Así que, todos nosotros, a quienes nos ha sido quitado el velo, podemos ver y reflejar la gloria del Señor. El Señor, quien es el Espíritu, nos hace más y más parecidos a él a medida que somos transformados a su gloriosa imagen». Lo que Pablo quiso decir es que cuando contemplamos la gloria de Dios somos transformados internamente para ser más como Cristo. Empezamos a amar lo que odiábamos, y a odiar lo que amábamos. Y nos volvemos más como Jesús. Es obvio que no podemos vivir de esta manera sin morir a nuestras propias ambiciones y egos, y sin aceptar el derecho soberano de Dios de hacer con nosotros como a Él le plazca.

El escritor norteamericano Nathaniel Hawthorne escribió una historia acerca de unas rocas gigantescas junto a una montaña que, tras ser lanzadas juntas, formaron lo que parecía el rostro de un hombre. En el pueblo al otro lado del valle, los aldeanos pensaban que un día aparecería una persona cuyo rostro sería semejante al Gran Rostro de Piedra. El pequeño Ernest, que creció en la aldea, tenía una gran fascinación por el rostro, y siendo niño, adolescente e incluso adulto le encantaba sentarse y mirar más allá del valle al Gran Rostro de Piedra. Pasaba horas contemplándolo.

Siempre que llegaba un visitante a la aldea, las personas se fijaban si su rostro se parecía al Gran Rostro de Piedra. Poetas y filósofos visitaron la aldea, pero ninguno se parecía al Gran Rostro de Piedra.

Cuando ya era viejo, Ernest se dirigió a los habitantes de la aldea y, mientras hablaba, ellos se dieron cuenta de que su silueta se parecía al Gran Rostro de Piedra. Entonces exclamaron: «¡Aquí está! ¡Aquí está! Ernest es semejante al Gran Rostro de Piedra!».

La lección aquí radica en que *nos convertimos en aquello que contemplamos*. Nuestra alma se aferra a aquello que miramos. Y así, cuando miramos a Jesús, llegamos a transformarnos en su imagen. Aquello que miramos es de suma importancia. Si miramos las cosas de este mundo, nos volveremos como el mundo. Pero si contemplamos la gloria del Señor, seremos transformados. Contemplamos esa gloria mediante la lectura y la memorización de la Palabra. La contemplamos cuando adoramos junto con el pueblo de Dios y permitimos que la Palabra de Dios more abundantemente en nuestros corazones. La gloria de Dios es lo único que importa.

¡Señor, glorifícate en nuestras vidas, y que sea a expensas de nosotros!

Reflexión y cambio personal

1. ¿Qué significa para un cristiano vivir para la gloria de Dios?
2. ¿De qué formas Jesús nos da ejemplo de vivir para la gloria de Dios? A partir de los relatos de los Evangelios, encuentre dos o tres ejemplos de cómo vivió Jesús para la gloria de Dios.
3. Lea 1 Corintios 10:31. ¿De qué maneras podemos poner en práctica ese versículo en nuestra vida?
4. ¿Cómo podemos vivir para la gloria de Dios en medio del dolor, el sufrimiento y otras circunstancias difíciles de la vida?
5. Como creyentes, damos la gloria a Dios cuando nos transformamos a su semejanza. ¿Cuál es la clave para volverse más como Cristo? Considere el ejemplo de creyentes en quienes usted observa la semejanza de Cristo. ¿De qué maneras específicas impactan ellos en las personas a su alrededor?
6. Versículos adicionales para memorizar: 1 Crónicas 29:10-13; Salmo 19:1; Ezequiel 43:2.

GRACIA

Efesios 2:8-9. *Dios los salvó por su gracia cuando creyeron. Ustedes no tienen ningún mérito en eso; es un regalo de Dios. La salvación no es un premio por las cosas buenas que hayamos hecho, así que ninguno de nosotros puede jactarse de ser salvo.*

La gracia es el «favor inmerecido» de Dios hacia nosotros, y la recibimos como un don inmerecido. Hay algo que le puedo asegurar: cuanto mejor se crea usted, menos gracia creerá que necesita. Cuanto más confiado esté en sí mismo, más convencido estará de que se las puede arreglar incluso si Dios fuera mezquino con la gracia. Lo único que necesita es un poco de ayuda de Dios y un poco de determinación personal.

No obstante, nuestra necesidad es mucho más desesperada porque, según la gracia, esta es nuestra condición: «muertos a causa de su desobediencia y sus muchos pecados» (Ef. 2:1). El hecho de que la gracia de Dios sea suficiente para rescatarnos confirma que es lo bastante poderosa y misericordiosa para alcanzarnos dondequiera que nos encontremos, y para llevarnos a la presencia de Dios. «Pero Dios es tan rico en misericordia y nos amó tanto que, a pesar de que estábamos muertos por causa de nuestros pecados, nos dio vida cuando levantó a Cristo de los muertos. (¡Es sólo por la gracia de Dios que ustedes han sido salvados!). Pues nos levantó de los muertos junto con Cristo y nos sentó con él en los lugares celestiales, porque estamos unidos a Cristo Jesús» (vv. 4-6).

La gracia nos es dada sin importar lo que hagamos. Antes de la salvación, estábamos muertos en nuestros pecados. Nuestra caída afectó a todo nuestro ser: nuestra mente está contaminada por el pecado, nuestra alma está manchada, y nuestra voluntad está paralizada. Seamos o no personas buenas, estamos en graves problemas.

Un periodista aquí en Chicago dijo que está espiritualmente perdido y que algún día planea hacer algo al respecto. Pero Pablo le diría: «No solamente es usted incapaz de hacer algo al respecto, ¡sino que el simple hecho de intentar hacer algo al respecto complicará el problema! ¡No haga nada al respecto hasta haber entendido lo que Dios ha hecho al respecto!». El periodista debe recibir lo que Cristo ha hecho al respecto, no lo que él cree que es capaz de hacer al respecto.

La gracia es un regalo que pone a un lado todo mérito humano. No simplemente nos da una mano. Nos da una *resurrección*. Gracia significa que Dios toma el primer paso hacia nosotros. Por lo tanto, nuestro pequeño paso de fe es sencillamente una respuesta a lo que Dios ya ha hecho. Gracia significa que Dios habla una palabra, nos da vida espiritual, y nos hace aptos para estar delante de Él. Dios desciende la escalera que nosotros intentamos subir, nos recoge, y nos lleva hasta su presencia. La gracia va en una sola dirección.

Si el programa de rescate de Dios hubiera incluido nuestros esfuerzos, la gracia sería limitada, y la salvación no sería una obra completamente divina. «Y como es mediante la bondad de Dios, entonces no es por medio de buenas acciones. Pues, en ese caso, la gracia de Dios no sería lo que realmente es: gratuita e inmerecida» (Ro. 11:6). Algunas cosas pueden coexistir, pero no la gracia que salva y las obras humanas. Nuestro esfuerzo personal será puesto aparte y catalogado como algo «inútil». Dios obra solo, porque Él no necesita nuestra ayuda. Él nos invita a creer.

Si usted cree que las personas se agolpan para recibir la

gracia de Dios, se equivoca. De manera intuitiva creemos que tenemos que contribuir a nuestra salvación, hacer unas cuantas buenas obras, o llevar a cabo alguna obra que nos haga merecedores de la gracia de Dios. Nos comparamos con otros y terminamos pensando que no necesitamos la gracia de Dios porque somos muy buenos, o rechazamos la gracia de Dios porque nos creemos demasiado malos. Algunas personas piensan para sí: *Si supieran lo que hay en mi pasado… sabrían que he pecado demasiado para aceptar la gracia de Dios.* Están convencidos de que Dios está tan enojado con ellos que sin importar cuánta gracia les ofrezca, Él nunca los aceptaría. No entienden que su desesperación sirve para conducirlos *a* Dios y no para alejarlos de Él.

Cuando usted viene a Cristo no viene para dar, sino para recibir. No viene para ser ayudado, sino para ser rescatado. No viene sólo para que lo vuelvan una mejor persona, aunque eso por fortuna sí ocurre, ¡sino que viene para que lo resuciten! Tampoco hacemos una promesa, sino que venimos a creer *su* promesa. Es su obra, y no la nuestra, la que nos concede el don de la gracia.

Jesús contó una historia acerca de dos hombres que fueron al templo a orar. El fariseo religioso oró: «Te agradezco Dios, que no soy un pecador como todos los demás. Pues no engaño, no peco y no cometo adulterio. ¡Para nada soy como ese cobrador de impuestos! Ayuno dos veces a la semana y te doy el diezmo de mis ingresos» (Lc. 18:11-12).

Si pensamos que estaba alardeando, recordemos que él creía en cierta clase de gracia. Dio gracias a Dios porque no era como los otros hombres, sabía que sus buenas obras eran posibles gracias a la bondad de Dios con Él. Casi puedo oírlo decir: «Si no fuera por la gracia de Dios ¡yo sería como ese!». Si él era mejor que otros, el mérito era de Dios.

En contraste, el cobrador de impuestos que estaba cerca

se sentía tan abrumado por su pecado que ni siquiera se atrevía a levantar su rostro al cielo. En cambio, golpeaba su pecho y decía: «Oh, Dios, ten compasión de mí, porque soy un pecador» (v. 13).

Entonces Cristo dijo: «Les digo que fue este pecador —y no el fariseo— quien regresó a su casa justificado delante de Dios. Pues los que se exaltan a sí mismos serán humillados, y los que se humillan serán exaltados» (v. 14).

Sí, ambos hombres creían en la gracia de Dios. El fariseo que se justificaba pensaba que la gracia de Dios se requería solo para hacer buenas obras. Creía que la gracia de Dios nos ayudaba a ser mejores.

El cobrador de impuestos tenía otro concepto de la gracia de Dios. Él sabía que si había de salvarse, tendría que ser mediante un milagro que solo Dios podía obrar. No solamente necesitaba ayuda. Necesitaba el regalo del perdón, el regalo de la reconciliación. Solo si la gracia fuera asombrosa él podría salvarse.

El fariseo dijo: «Dios, si me ayudas, ¡lo haré mejor y me salvaré a mí mismo!».

El cobrador de impuestos dijo: «Dios, sálvame, ¡o yo mismo me condenaré!».

Aquellos que creen que pueden contribuir a su salvación consideran la gracia de Dios maravillosa, pero solamente los humildes que se ven como Dios los ve, creen que su gracia es asombrosa en verdad. La diferencia está entre los que saben que Dios tiene que hacerlo todo, y aquellos que piensan que pueden ayudarle.

Con razón John Newton, el cual era un gran pecador, supo que necesitaba una gracia sublime si había de ser perdonado. Para él, y para nosotros, la gracia es en verdad asombrosa. Ni la vida sobre la tierra ni nuestra permanencia en el cielo agotarán nuestro asombro frente a la gracia de Dios.

Sublime gracia del Señor
que a mí, pecador salvó;
fui ciego mas hoy veo yo,
perdido y Él me halló.[5]

Sí, la gracia va en una sola dirección. Nosotros nada podemos ofrecer a Dios, salvo nuestro pecado. La gracia es el don de Dios que nos da salvación.

¡Asombroso en verdad!

Reflexión y cambio personal

1. ¿Por qué la gracia de Dios es tan importante para la condición pecaminosa de la humanidad? ¿En qué se queda corto el hombre en su intento por salvarse a sí mismo?
2. La gracia de Dios es un regalo. ¿Cómo la aceptamos y tomamos posesión de ella?
3. Lea Romanos 11:6. ¿Por qué la gracia salvadora de Dios y las obras humanas no pueden coexistir?
4. Lea la parabola de Jesús en Lucas 18:10-14. ¿Cuál es la esencia de esta historia?
5. ¿Hemos pecado alguna vez tan gravemente que no podamos recibir el don divino de la gracia? ¿Por qué?
6. Versículos adicionales para memorizar: 2 Corintios 12:9; Tito 3:5-7.

INFIERNO

Lucas 12:5. *Les diré a quién temer: teman a Dios, quien tiene el poder de quitarles la vida y luego arrojarlos al infierno. Claro, él es a quien deben temer.*

Apocalipsis 20:15. *Y todo el que no tenía su nombre registrado en el libro de la vida fue lanzado al lago de fuego.*

La doctrina del infierno ha desaparecido casi por completo de nuestras iglesias. Dado que ofende nuestras susceptibilidades, estamos tentados a pasarla por alto, reinterpretarla, o descartarla. Pero la Biblia no solo enseña reiteradamente la doctrina del infierno, sino que describe un juicio aterrador cuando multitudes que no están preparadas estarán frente al trono de Dios. Y todos los que comparezcan en este juicio serán «lanzados al lago de fuego».

Hagámonos algunas preguntas respecto a este juicio: ¿quién está en ese trono? Y ¿quiénes son los acusados que hacen fila? ¿Conforme a qué serán juzgados? Y por último, ¿qué sabemos acerca del lago de fuego? ¿Es castigo y nada más? Antes de seguir adelante con la lectura, tal vez desee dedicar un momento a leer en su Biblia la descripción de este suceso en Apocalipsis 20:11-15.

¿Quién está en este trono majestuoso? Podemos estar seguros de que es Jesús, porque las Escrituras enseñan que Dios «le ha dado al Hijo autoridad absoluta para juzgar» (Jn. 5:22). Este Jesús, el bebé de Belén, tan amado en la temporada navideña pero ignorado el resto del año, es ahora el juez de todos los irredentos. Su trono es grande, majestuoso, y su blancura refleja su justicia e imparcialidad santas.

En Apocalipsis 20:12 Juan escribió: «Vi a los muertos, tanto grandes como pequeños, de pie delante del trono de Dios». ¿Cómo llegaron allí esas personas? Fueron convocados de todas partes del mundo, levantados de los muertos para comparecer ante Dios. Juan dijo que incluso «el mar entregó sus muertos» (v. 13). Los antiguos creían que si alguien moría en el mar o era incinerado y las cenizas eran arrojadas al mar, entonces los dioses nunca lo encontrarían, y no tenían que temer la vida después de la muerte. Pero Dios encontrará los cuerpos de toda la humanidad: cuerpos ya desintegrados de épocas pasadas, cuerpos comidos por tiburones o perdidos entre los escombros de un terremoto. Dios conoce la ubicación de cada partícula de materia en el universo y, por lo tanto, es poderoso para reunir esos cuerpos para que comparezcan delante de Él.

Y, por supuesto, esos cuerpos se unirán a sus almas, lo cual explica por qué Juan escribió: «la muerte y el Hades entregaron los muertos que había en ellos» (v. 13, RVR-60). El Hades es la morada actual de las almas de todos los incrédulos que han muerto en el pasado y que van a morir en el futuro. Cuando Dios llame a estas personas para juzgarlas, sus almas en el Hades se unirán a sus cuerpos que han sido resucitados y que están hechos a la medida de la eternidad, diseñados para el lago de fuego.

Los grandes y pequeños estarán allí: los reyes estarán en medio de los esclavos, los ricos se levantarán junto con los pobres, los zelotes religiosos se pondrán de pie con los ateos. Es indudable que estarán representadas personas de todas las religiones: protestantes, católicos, hinduistas, musulmanes, etcétera.

¿En base a qué serán juzgados? Se abrirá un libro que describe detalladamente todas sus obras; todas las palabras que han hablado, todos los secretos de su corazón y, desde luego, todas las mentiras que pronunciaron en su intento por encubrir esos secretos. En esencia, Dios juzgará a cada uno según su propia conciencia y conforme a la luz que han recibido de la naturaleza. Este juicio demostrará que nadie ha vivido a la altura del conocimiento intuitivo o racional acerca del bien.

Jesús dijo que el día del juicio será más tolerable para Sodoma y Gomorra que para aquellas ciudades que lo rechazaron cuando estuvo en la tierra (Mt. 10:11-15). Es obvio que quienes oyeron el evangelio y lo rechazaron, y aquellos que tuvieron mayor cercanía con el evangelio (como es el caso en Norteamérica), serán juzgados con mayor severidad. Dios no va a decir al pagano que nunca oyó de Cristo «serás lanzado al lago de fuego porque no creíste en Jesús». Antes bien, Dios juzgará a esa persona conforme a lo que hizo con aquello que sabía. Como escribió M. R. DeHaan: «Para el cazador de cabezas pagano que nunca oyó la Palabra de Dios el infierno va a ser el cielo, comparado con lo que será para quienes han oído el mensaje del evangelio y lo han rechazado».[6]

Aquellos que hicieron lo malo recibirán un castigo menos severo que aquellos que no solo hicieron el mal, sino que incitaron a otros a hacer lo mismo. Por ejemplo, Jesús dijo lo siguiente acerca de los que hacen pecar a los «pequeños»: «Sería mejor que se arrojara al mar con una piedra de molino alrededor del cuello que hacer que uno de estos pequeños caiga en pecado» (Lc. 17:2).

Todos los que se presenten delante de Dios en este juicio estarán por debajo de lo esperado, porque no cumplirán con el único requisito necesario para entrar al cielo. Puesto que sus nombres no están escritos en el Libro de la vida (es decir, el libro de los redimidos), serán lanzados al lago de fuego. Son quienes nunca han experimentado el perdón de Dios, cuya esperanza no estuvo en Cristo, el único que tiene el poder para ofrecernos la justicia que Dios acepta.

¿Es este un juicio injusto? Podríamos argüir que estas personas hicieron lo malo pero que, después de todo, nacieron pecadoras al igual que todos nosotros. ¿Acaso no desconoce la imparcialidad y la compasión humanas el hecho de condenar a las personas al castigo eterno? Bueno, véalo de la siguiente manera: ¿qué sucede si, como dijo Jonathan Edwards, se mide la gravedad del pecado conforme a la grandeza del ser contra el cual se comete? Lanzar una bola de nieve al cartero es una cosa, pero lanzarla a un policía es otra. Y lanzar una bola de nieve al presidente hará que lo arresten. Usando esta analogía, piense en el crimen infinito de pecar contra un Dios infinito. El pecado es mucho más serio para Dios que para nosotros. Asimismo, puesto que somos creados como seres eternos, aquellos que son lanzados al lago de fuego soportarán para siempre las consecuencias de su pecado personal. Serán para siempre objeto de la ira de Dios contra el pecado.

Esta es la cuestión: las Escrituras describen una y otra vez a Dios como un Dios supremamente justo. Lo honramos cuando creemos y confiamos en su justicia, conscientes de que algún día estaremos de acuerdo con todas sus decisiones y cantaremos para siempre «Justos y verdaderos son tus caminos, oh, Rey de las naciones» (Ap. 15:3). No me cabe duda de que aquellos que están en el lago de fuego estarán de acuerdo con que han sido castigados justamente porque su pecado estará presente en sus mentes y en sus conciencias. Eso nada más será una forma de infierno.

Es difícil hablar de la doctrina del infierno. Pero no podemos evitarla. Está en las Escrituras, y Cristo advirtió con frecuencia a los perdidos acerca de él, movido por un corazón compasivo. Y es una compasión que nosotros también debemos extender a otros.

Reflexión y cambio personal

1. ¿Qué nos enseña la Biblia acerca del infierno?
2. Describa la escena en el trono del juicio. ¿Cuál es el propósito de dicho acontecimiento?
3. Lea Apocalipsis 20:11-15. Este pasaje habla de un juicio. ¿Quién es juzgado? ¿Cómo se lleva a cabo el juicio?
4. ¿Conforme a qué juzgará Jesús a las multitudes? ¿Qué demostrará ese juicio?
5. ¿Serán justos los juicios de Jesús? ¿Es el castigo eterno un juicio cabal?
6. Versículos adicionales para memorizar: Apocalipsis 20:11-14.

JESÚS

Juan 1:1. *En el principio la Palabra ya existía. La Palabra estaba con Dios, y la Palabra era Dios.*

Juan 14:6. *Jesús le contestó: Yo soy el camino, la verdad y la vida; nadie puede ir al Padre si no es por medio de mí.*

¿Quién es Jesús, y por qué importa?

Entender quién es Jesús nos conduce directamente al corazón del cristianismo. Cuando el apóstol Juan dijo que en el principio la Palabra ya existía y que «la Palabra era Dios», estaba afirmando lo que se enseña a lo largo del Nuevo Testamento: que Jesús es Dios. De hecho, si Él no fuera Dios, no podría ser nuestro Redentor.

En cuanto a nosotros, todo lo que hacemos está teñido de pecado. Incluso cuando hacemos lo bueno, nuestros motivos suelen estar mezclados con intereses personales y orgullo. Puesto que Dios es santo, no puede aceptar nuestras buenas obras como base para aceptarnos, sin importar cuán bienintencionadas sean. Si hemos de ser salvos de nuestros pecados, solo Dios está en capacidad de hacerlo. Puesto que Dios es justo, era preciso ofrecer un castigo adecuado por nuestros pecados. Alguien tenía que morir en nuestro lugar. Ningún hombre común podía hacer un sacrificio semejante por todos nosotros; ningún ser humano con una naturaleza pecaminosa podía colmar la medida divina de perfección absoluta.

Dios opera bajo un principio fundamental: todo pecado, para ser perdonado, requiere un sacrificio que pague el castigo que merecemos. Debe haber derramamiento de sangre. Si alguien ha de ser castigado justamente por nuestros pecados, y si ningún ser humano común está calificado para hacerlo, entonces Dios mismo tiene que proveer la ofrenda por nuestros pecados. Dios mismo debe hacer lo que para nosotros resulta imposible.

Obviamente es imposible que Dios, el cual es espíritu, sea clavado a una cruz y sufra en nuestro lugar. En Jesús, Dios se hizo hombre para poder ser nuestro Redentor y hacer lo que ningún hombre común podría haber hecho jamás. Jesús, como el segundo miembro de la Trinidad, pagó el rescate por todos aquellos que crean en Él. Este sacrificio se hizo para Dios el Padre, quien lo aceptó y resucitó a Jesús de entre los muertos como prueba de su triunfo.

Solo Jesús cumple todos los requisitos para ser nuestro Salvador. Los profetas, los eruditos, y otros maestros religiosos son pecadores, incapaces de salvarse a sí mismos, mucho menos a alguien más. Son maestros, no salvadores. Jesús fue completamente libre de pecado, no era parte de nuestro problema y, por lo tanto, estaba calificado para levantarnos del lugar donde estábamos y llevarnos adonde estamos llamados a estar, a saber, la presencia de su Padre.

Esto explica por qué quienes niegan la divinidad de Jesús niegan el evangelio. Si Jesús no fuera Dios, no podría servir de puente para remediar el abismo que separa al hombre de Dios. Sería como un puente roto e incompleto. No estaría en capacidad de hacer lo que era necesario. Menos mal que Él, en calidad de Dios-hombre, pagó nuestra redención.

Esto explica en parte por qué Jesús dijo que nadie podía venir al Padre si no era por Él. Ninguna otra persona tiene la capacidad de perdonar justamente nuestros pecados y luego bendecirnos con la única clase de justicia que Dios Padre acepta, que es la justicia divina. Y este don es concedido gratuitamente a quienes creen en Él como Salvador. Recordamos las palabras que habló el ángel a José cuando estaba comprometido con María: «Y tendrá un hijo y lo llamarás Jesús, porque él salvará a su pueblo de sus pecados» (Mt. 1:21).

Cuando un emperador romano determinó que ya era hora de acabar con la persecución contra los cristianos, pensó que les haría un favor si ponía una estatua de Jesús en el panteón al lado de otros dioses romanos. Pero los cristianos se opusieron, y dijeron: «En realidad no es ningún favor poner a Jesús junto a los dioses de Roma. Él debe permanecer como el único Rey de reyes y Señor de señores».

Desde su crucifixión y resurrección, la vida de Jesús ha sido estudiada y examinada a lo largo de los siglos. Ha sido exaltado e infamado, creído y ridiculizado. Pero de una cosa podemos estar seguros: aquellos que lo aceptan como el Hijo de Dios han descubierto que Él es tan bueno como las promesas que ha hecho. Podemos confiar en que da la vida eterna que promete a todos los que creen en Él.

¿Quién es Jesús? Dios encarnado.

¿Por qué importa esto? Porque solo Él puede redimirnos.

Reflexión y cambio personal

1. ¿Qué verdad fundamental del Nuevo Testamento confirma Juan 1:1?
2. Nada que podamos hacer como humanos podrá alcanzar la medida divina de perfección absoluta. ¿Qué califica a Jesús para ser nuestro Salvador?
3. ¿Bajo qué principio opera Dios en lo que atañe al castigo por el pecado?
4. ¿Qué significa para el mundo la resurrección de Jesús?

5. En Juan 14:6 Jesús dice que «nadie puede ir al Padre si no es por medio de mí». ¿Qué significa esta afirmación para una persona que necesita el perdón de sus pecados?
6. Versículos adicionales para memorizar: Lucas 1:31, 35; Juan 10:11; Hebreos 1:2-3; 13:20-21.

JUSTIFICACIÓN

Romanos 5:1. *Por lo tanto, ya que fuimos declarados justos a los ojos de Dios por medio de la fe, tenemos paz con Dios gracias a lo que Jesucristo nuestro Señor hizo por nosotros.*

Romanos 8:33-34. *¿Quién acusará a los escogidos de Dios? Dios es el que justifica. ¿Quién es el que condenará? Cristo es el que murió; más aun, el que también resucitó, el que además está a la diestra de Dios, el que también intercede por nosotros. (RVR-60)*

¿Cuán perfecto tiene que ser para ser admitido en el cielo? «Espero que no demasiado», contestó un amigo nuestro. «Si tengo que ser perfecto ¡no lo conseguiré!». Él estaba esperando que Dios fuera indulgente, ¡*muy* indulgente!

Se sorprendió cuando le dijimos que en efecto tenía que ser perfecto, tan perfecto como Dios. Cuando meditó en esto se dio cuenta de que tenía sentido que Dios, el cual es santo, no pudiera aceptarnos a menos que fuéramos tan perfectos y santos como Él mismo lo es.

De modo que la pregunta que nos ocupa, y la esencia de lo que llamamos el evangelio, es la siguiente: ¿Cómo nos volvemos tan perfectos como Dios?

Algunas personas piensan que Martín Lutero fue un hereje, un hombre confundido que estaba enojado con la iglesia de su época por motivos personales e insignificantes. Pues bien, no vamos a defender todo lo que Lutero hizo o dijo, pero consideramos que, más que cualquier hombre de su época, trató de resolver la pregunta acerca de cómo un pecador puede recibir el favor de Dios, un Dios que no es indulgente y que odia el pecado.

Mientras preparaba una enseñanza bíblica, Lutero encontró estas palabras del libro de Romanos: «Pues no me avergüenzo de la Buena Noticia acerca de Cristo, porque es poder de Dios en acción para salvar a todos los que creen, a los judíos primero y también a los gentiles. Esa Buena Noticia nos revela cómo Dios nos hace justos ante sus ojos, lo cual se logra del principio al fin por medio de la fe. Como dicen las Escrituras: "Es por medio de la fe que el justo tiene vida"» (1:16-17).

Con estas palabras que iban dirigidas a la iglesia de Roma, el apóstol Pablo explicó el evangelio, las buenas nuevas que en su momento afectarían en gran manera todo el imperio romano. Pero ¿por qué era este mensaje tan radical, tan contrario a la cultura? Y ¿por qué estos versículos sobresalen como el tema de todo el libro de Romanos?

Empecemos considerando el término «la justicia de Dios» que tanto inquietó a Lutero. Si Dios no fuera extremadamente justo, tendríamos mayores probabilidades de ganar su favor, pero es su justicia la que se levanta como una muralla entre Él y nosotros. Todos podemos identificarnos con el dilema de Lutero: todos hemos pensado que si Dios no fuera tan santo, si fuera más como nosotros, entonces podríamos cumplir con sus requisitos. Pero la Biblia, e incluso nuestra propia conciencia, nos dicen que somos pecadores y que no podemos alcanzar la medida de la justicia de Dios en nuestras fuerzas. ¡Si tan solo hubiera una forma para que pudiéramos recibir la justicia de Dios!

Sin embargo, Lutero aprendió, como debemos hacerlo nosotros, que la justicia no es solo un atributo de Dios. Y esto es lo que explica por qué el evangelio son buenas noticias. Existe también una «justicia de Dios» que es un don concedido a todos los que creen en Cristo. En términos sencillos, Dios cumple por nosotros, en Cristo, todos los requisitos que Él mismo ha establecido. Así que, si bien no tenemos una justicia propia que Dios pueda aceptar, Él nos rescata dándonos su propia justicia como un don gratuito. En otras palabras, Dios exige justicia y santidad, y por medio de la muerte y resurrección de Cristo, *¡Dios provee la justicia que Él demanda!* Y cuando llegue nuestra hora de morir, seremos recibidos en el cielo como si fuéramos Jesús, porque somos salvos únicamente en virtud de la perfección de su mérito y su gracia.

¿Y quiénes se benefician de este don gratuito? Es dado a «todos los que creen». Pablo dejó claro que no es el origen étnico ni el trasfondo religioso lo que determina nuestro destino. Él dijo que este mensaje está dirigido «a los judíos primero y también a los gentiles» (es decir, tanto a los judíos como a los que no lo son). Pablo dijo que este mensaje se recibe «del principio al fin por medio de la fe». Creer significa que reconocemos nuestra propia pecaminosidad e incapacidad de salvarnos a nosotros mismos, de tal modo que depositamos nuestra fe en Cristo. Ya no consideramos nuestra propia bondad para ser salvos, sino que aceptamos la bondad de Cristo, confiados en que Él hará por nosotros aquello que nos resulta imposible.

Hay quienes han sugerido que *justificación* significa «como si nunca hubiera pecado». Pero eso es apenas la mitad de la historia. No es solo nuestro borrón y cuenta nueva, por maravilloso que esto sea. También significa que Dios nos mira como si tuviéramos una vida en perfecta obediencia. Nos ve como si fuéramos personas amorosas, sujetas, puras. Nos ve como si hubiéramos hecho todo lo que Cristo hizo.

Hace muchos años, yo (Erwin) presidí un funeral de un hombre llamado Roger, el cual era homosexual y había llevado una vida de inmoralidad obsesiva. Menos mal que él conoció la fe salvadora en Cristo antes de morir de SIDA.

En sus últimos días habría sido fácil para Roger concentrarse en su conducta pasada, en la culpa y el remordimiento de su pasado. Pero no lo hizo. Se enfocó en su aceptación en Cristo, ese don de la justicia perfecta que le daba la seguridad de que sería aceptado en el cielo. Estoy convencido de que al morir entró en el cielo tan perfecto como Dios.

Imagine un libro titulado *Vida y tiempos de Jesucristo* que habla acerca de toda la perfección de Cristo, las obras que hizo, su obediencia santa, pureza, y motivos correctos. Es en verdad un libro hermoso.

Luego imagine otro libro, titulado *Vida y tiempos de Roger*, el cual menciona todos sus pecados, la inmoralidad, las promesas rotas, la traición a los amigos. Incluye también los pensamientos pecaminosos, los motivos contradictorios, los actos de desobediencia.

Por último, imagine que Cristo quita la portada de ambos libros. Entonces toma las páginas de su propio libro y las desliza entre la cubierta del libro de Roger. Nosotros tomamos el libro y lo investigamos. El título es *Vida y tiempos de Roger*. Con todo, al pasar las páginas no encontramos mención alguna de pecados. Lo único que vemos es una larga lista de perfecciones: obediencia, pureza moral, amor perfecto. El libro es tan hermoso que hasta Dios lo ama.

El intercambio aquí descrito se conoce como *justificación*. De este modo, Dios nos hace acreedores de la hermosura de Cristo a todos los que somos imperfectos a un grado tan deplorable. En efecto, tenemos que ser perfectos para poder entrar al cielo, ¡y gracias a Cristo lo somos!

Una vez que hayamos recibido los beneficios del evangelio, pasaremos el resto de nuestra vida amando y sirviendo a Dios. Imagine, si quiere, a un siervo que trabaja en la propiedad de un rey, pero que constantemente critica al soberano, roba, miente, y desacata las órdenes reales. Este rey tiene un hijo obediente a quien ama profundamente. Ahora imagine al rey diciéndole a su hijo: «He elegido amar a ese malvado siervo tanto como te amo a ti. Sin embargo, para que él pueda reconciliarse conmigo, tendrás que morir en su lugar y pagar las exigencias de la justicia por su pecado». Tras comprender y aceptar lo que el rey ha hecho por él, obviamente el siervo malo amará y servirá al rey de la mejor manera posible y por el resto de su vida. Y esto es exactamente lo que Dios Padre hizo al enviar a su Hijo Jesús a morir en la cruz.

Como ya hemos visto, justificación significa «como si nunca hubiera pecado». Si bien esto es cierto, hay mucho más. Justificación también significa «como si yo tuviera la misma justicia de Dios». ¡Y gracias a Jesús la tenemos! Con razón Pablo dijo que cuando somos justificados tenemos «paz con Dios».

Con una confianza semejante no hay razón para que temamos ni siquiera a la muerte misma.

Reflexión y cambio personal

1. Si el requisito para entrar al cielo es la perfección, ¿cuál es la condición de todos nosotros en ese aspecto? ¿Puede algún ser humano cumplir alguna vez los requisitos en virtud de sus propios méritos?
2. Lea Romanos 1:16-17. ¿Es posible para nosotros ser tan perfectos como Dios? Si es así, ¿cómo?
3. Explique el regalo de la justicia que reciben aquellos que creen en Cristo.
4. ¿Qué significa creer?

5. ¿Qué es justificación? ¿Qué hace Dios? ¿Qué debemos hacer nosotros?
6. Versículo adicional para memorizar: 1 Corintios 6:11.

ORACIÓN

Marcos 1:35. *A la mañana siguiente, antes del amanecer, Jesús se levantó y fue a un lugar aislado para orar.*

Efesios 6:18. *Oren en el Espíritu en todo momento y en toda ocasión. Manténganse alerta y sean persistentes en sus oraciones por todos los creyentes en todas partes.*

Cuando yo (Erwin) le pregunté a Jim Cymbala, del Tabernáculo de Brooklyn en Nueva York, por qué la gente se agolpaba en la puerta de su iglesia un martes por la noche esperando que se abrieran las puertas para ser los primeros en encontrar una silla para la reunión de oración, él contestó sencillamente: «Tu iglesia también estaría llena en cada reunión de oración semanal si la gente creyera que Dios contesta la oración... y que las cosas cambian cuando ellos oran».

¡Cuán simple pero cierto! Cada iglesia estaría llena en la reunión de oración si las personas realmente creyeran que Dios responde la oración y que la oración cambia las circunstancias. Sin embargo, a decir verdad, algunas personas cuyas oraciones han quedado sin respuesta se han vuelto cínicos y creen que la oración no es provechosa. Y tristemente, muchas iglesias ya no tienen reuniones de oración. Además, muchos creyentes dedican unos pocos minutos diarios a orar, por lo general para pedir a Dios siempre lo mismo.

¿Cómo podemos romper esa rutina de apatía? Y ¿cómo podemos restaurar la oración al lugar que le corresponde en nuestra vida? Primero, debemos luchar contra el presupuesto generalizado de que la soberanía de Dios es impedimento para la oración. Este es el argumento: puesto que Dios tiene un plan determinado que quiere llevar a cabo, y dado que tiene un poder ilimitado para hacerlo, ¿cómo puede mi oración cambiar de alguna manera su voluntad? La conclusión es: «Lo que ha de ser será».

Lo interesante es que Jesús no enseñó que la soberanía de Dios fuera un impedimento para la oración, sino más bien la base para orar. Dijo a sus discípulos que no debían usar vanas repeticiones como los paganos, quienes pensaban que serían oídos por sus muchas palabras. Luego Jesús les enseñó a los discípulos cómo orar dándoles lo que se conoce comúnmente como el Padre Nuestro (lea Mt. 6:5-14). Fíjese que el hecho de que nuestro Padre celestial conoce de antemano todos los acontecimientos no nos disuade de orar, ¡sino que nos da confianza cuando oramos!

No permita que el rompecabezas de la soberanía de Dios y lo que se denomina normalmente nuestro libre albedrío estorben sus oraciones. De hecho, estas cosas deberían motivarnos a pedir a Dios grandes cosas.

Segundo, las Escrituras dejan claro que Dios nos quiere llevar más allá de nuestra letanía de peticiones rutinarias a desarrollar una relación con Él. Si consideramos que el primer propósito de la oración es obtener respuesta a nuestras peticiones, podríamos terminar como un niño llorón cuya actitud hacia su padre depende únicamente de conseguir lo que quiere cuando lo quiere. Pensaremos que un día Dios es amable porque contesta una oración, y al día siguiente que es indiferente porque no obtenemos lo que queremos. Visto desde esa perspectiva, ¡no es de extrañar que las reuniones de oración no tengan mayor asistencia!

Ahora bien, es verdad que Dios puede hacer todo lo que Él quiere, tanto si oramos como si no. De modo que parece lógico que el primer objetivo de la oración *no* sea conseguir, como tal, lo que pedimos. La razón por la cual Dios nos permite experimentar tantas necesidades es que estas son las que nos mueven a su presencia. Y una vez allí, nuestro enfoque cambia y nos damos cuenta de que necesitamos más la presencia de Dios que las respuestas que buscamos. Si nos acercamos a Dios porque disfrutamos de su compañía, descubriremos que el primer propósito de la oración se logrará siempre, tanto si obtenemos o no la respuesta que queremos.

Este tipo de oración es motivado por la alabanza y la acción de gracias. Es la clase de oración que se somete a Dios y se deleita en estar en su presencia. Así, la oración deja de ser una experiencia aburrida y aparentemente irrelevante para ser un tiempo de comunión íntima con nuestro Padre celestial. Esta clase de oración busca al Señor mismo, no solo su respuesta a nuestras listas de peticiones.

Con frecuencia, Jesús pasó noches enteras en oración y aún así esto no lo exoneró del trauma de Getsemaní y de la dolorosa humillación de la cruz. Está claro que, para Él, la comunión con el Padre era su prioridad suprema. Él sabía que si estaba conectado íntimamente con su Padre, podía soportar cualquier cosa que tuviera por delante.

Irónicamente, nosotros necesitamos comunión con Dios más que recursos para pagar nuestras cuentas o la restauración de nuestra salud. Por favor, no piense usted que estamos subestimando estas necesidades de la vida, solo queremos decir que en el fondo de estos asuntos está nuestra relación con Dios. Solo cuando nos sentimos cómodos en su presencia seremos capaces de aceptar la vida tal como se nos presente. La máxima prioridad de Dios no es cambiar nuestras circunstancias, sino cambiarnos a nosotros.

En tercer lugar, debemos darnos cuenta de que cuando Dios ha vuelto a ocupar el lugar que le corresponde en nuestra vida de oración, orar según su voluntad se volverá algo más natural y posible. Ahora podemos acercarnos a Él con una actitud de sumisión, podemos incluso «oír su voz», no en palabras claro, sino sentir una paz en nuestro interior que acepta profundamente lo que sea que Dios disponga. Y, sin importar lo que suceda, sabemos que Dios lo ha permitido y que está con nosotros.

Cuando el apóstol Pablo dijo «oren en el Espíritu» (Ef. 6:18), se refería a una conexión con Dios que no solo reconoce su soberanía, sino también el hecho de que lo que hace Dios *en* nosotros es con frecuencia más importante que lo que Dios hace *por medio de* nosotros, o lo que hace aparte de nosotros.

Es a partir de este nivel de relación que las peticiones fluyen de nuestros corazones hacia Dios con una actitud correcta. Solamente sobre la base de la fuerza de la intimidad de nuestra relación con Dios podemos presentarle nuestras peticiones y estar en paz. Entonces nuestros corazones son guardados, porque nuestra relación con Dios permanece firme sin importar el resultado de nuestras peticiones de oración.

Sí, podríamos atraer a más personas a una reunión de oración si viéramos más oraciones contestadas. Pero también aumentaríamos la asistencia si todos tuviéramos la fe para creer que Dios está obrando tanto si obtenemos o no lo que pidamos. Aceptar la invitación para reunirse con Dios de forma individual o colectiva es nuestro mayor privilegio. Cuando pasamos de las peticiones a la relación alcanzamos la esencia de lo que Dios tenía en mente cuando se nos dijo que orásemos sin cesar.

Recuerde, la desesperación nos conduce a la oración, y la oración nos conduce al corazón de Dios.

Reflexión y cambio personal

1. ¿Cuán importante es la oración para su vida de fe? ¿Cuánto tiempo dedica a buscar a Dios en oración?
2. Lea de nuevo los comentarios acerca de la soberanía de Dios. ¿Cómo interactúa nuestra vida de oración con el control que tiene Dios de todas las cosas? ¿De qué manera constituye esto una base para nuestra oración?
3. ¿Cuál debe ser nuestro propósito primordial en la oración? ¿Cuál debe ser nuestro enfoque en la oración?
4. ¿Cuál fue el estilo de oración de Jesús como lo vemos en los Evangelios? ¿Qué caracterizó sus oraciones? ¿Cuáles fueron sus prioridades?
5. ¿Por qué la calidad de nuestra relación con Dios es tan importante para nuestra vida de oración? Si buscamos a Dios en oración, ¿qué sucede cuando cambiamos nuestro enfoque de presentar peticiones al de cultivar una relación?
6. Versículos adicionales para memorizar: Salmo 119:147; Mateo 6:9-15; Santiago 5:16; 1 Juan 5:14-15.

LA PALABRA DE DIOS

Hebreos 4:12. *Pues la palabra de Dios es viva y poderosa. Es más cortante que cualquier espada de dos filos; penetra entre el alma y el espíritu, entre la articulación y la médula del hueso. Deja al descubierto nuestros pensamientos y deseos más íntimos.*

Salmo 119:105. *Tu palabra es una lámpara que guía mis pies y una luz para mi camino.*

Imagine que está conduciendo en una calle oscura de un barrio peligroso de Los Ángeles. Por accidente pisa un objeto cortante y metálico, y dos neumáticos de su auto se quedan desinflados. Mientras piensa en lo que va a hacer, doce hombres jóvenes salen de un edificio cercano y se dirigen pavoneándose hacia usted. Usted ya puede imaginarse cómo lo sacan de su auto, le roban y le golpean. ¿Le parece que esto cambiaría si descubriera que estos jóvenes salen de un estudio bíblico para regresar a sus casas? ¡Esa noticia consolaría hasta a un ateo!

Una de las muchas razones por las cuales creemos que la Biblia es la Palabra de Dios es su poder. No debe sorprendernos que la Palabra de Dios se compare con una espada. La espada que usaban los soldados romanos tenía dos filos que podían cortar en ambas direcciones. La Palabra de Dios es «más cortante que una espada de dos filos», de modo que puede penetrar lo profundo de nuestro ser y ayudarnos a discernir quiénes somos en realidad y lo que debemos hacer para establecer una relación con Dios. Nos hiere para sanarnos.

La Palabra de Dios también es «viva y activa», no es tan

solo palabras en una página. Dios ha revestido de poder las palabras porque provienen de su autoridad y bendición. Dondequiera que está la Palabra de Dios, el Espíritu está presente para respaldarla, y revestir las palabras de poder y de vida. De hecho, el apóstol Pablo dijo: «Pues han nacido de nuevo pero no a una vida que pronto se acabará. Su nueva vida durará para siempre porque proviene de la eterna y viviente palabra de Dios» (1 P. 1:23).

La Biblia difiere de una espada de dos filos en que tiene más filo de lo que cualquier espada podría tener. En el texto griego original encontramos la palabra *tomoteros*, que viene de la palabra griega *temno*, que significa «cortar». Es lenguaje de cirugía, de disección. Al respecto, citamos al erudito de griego Marvin R. Vincent: «La forma de expresión es poética, y significa que la palabra penetra hasta las profundidades de nuestro ser espiritual, como una espada que atraviesa coyunturas y tuétanos del cuerpo. La separación no es de una parte de la otra, sino que opera en cada departamento de la naturaleza espiritual».[7] La Palabra de Dios penetra tanto el alma como el espíritu, atraviesa tanto las coyunturas como la médula. Nada la detiene hasta que se vuelve realidad. En presencia de este libro no caben pretensiones.

La Palabra de Dios también tiene el poder para juzgar «nuestros pensamientos y deseos más íntimos». «Dejar al descubierto» significa «examinar» y «analizar como evidencia». La Biblia se sienta a juzgar toda la actividad del alma y del espíritu. Separa los motivos bajos de los nobles, distingue entre lo que proviene de la carne y lo que proviene del Espíritu.

Más específicamente, la Palabra juzga nuestros «pensamientos», es decir, las cosas que consideramos en la mente. Juzga nuestras reflexiones, lo que pensamos mientras conducimos en la autopista, lo que pensamos acerca de otras personas, sea grato o desagradable. Miles de pensamientos pasan por nuestra mente a diario. La Palabra de Dios monitorea a cada instante estas meditaciones.

Y no solo juzga nuestros pensamientos, sino también nuestros «deseos», lo cual alude al origen de nuestros pensamientos. Las ideas pasadas y las intenciones futuras son igualmente conocidas. El erudito de griego Kenneth Wuest traduce esta última frase diciendo que la Palabra de Dios «es poderosa para penetrar en los recodos más profundos del ser espiritual de una persona, filtra y analiza los pensamientos y las intenciones del corazón».[8]

El autor de Hebreos prosigue diciendo que «no hay nada en toda la creación que esté oculto a Dios. Todo está desnudo y expuesto ante sus ojos; y es a él a quien rendimos cuentas» (4:13). Imagínese un cadáver extendido sobre una mesa con cada nervio, cada tendón, y cada partícula de hueso y carne expuestos.

No perdamos de vista la relación entre los versículos 12 y 13. El autor de Hebreos pasa fácilmente de hablar acerca de la Palabra hablada de Dios a la Palabra encarnada de Dios (Cristo). Obviamente, Él quiere que comprendamos que estamos expuestos ante los ojos de Cristo. La Palabra de Dios, como una máquina de rayos X, revela quiénes somos en realidad, y Cristo examina las radiografías cuidadosamente, hasta cada partícula revelada en ellas.

Para decirlo de otra manera: estamos en la mesa de cirugía de Dios. La Palabra de Dios ha separado la realidad de la fantasía, lo correcto de lo incorrecto, lo puro de lo contaminado. En esta autopsia espiritual hay, en sentido figurado, un tumor aquí, una célula enferma allá, y una fina fractura. Cada aspiración, cada componente mental y emocional está diseccionado, hasta que al fin se ha revelado la verdad acerca de nosotros.

Por supuesto, como hemos mencionado, la Palabra de

Dios no solo nos corta, sino que también nos sana. Por medio de la Palabra de Dios somos limpiados, sanados, consolados y transformados. Con razón David escribió de los justos «que se deleitan en la ley del SEÑOR meditando en ella día y noche. Son como árboles plantados a la orilla de un río, que siempre dan fruto en su tiempo. Sus hojas nunca se marchitan, y prosperan en todo lo que hacen» (Sal. 1:2-3).

Está claro, pues, que la práctica de la meditación en la Palabra de Dios debería ser nuestra mayor disciplina diaria.

Reflexión y cambio personal

1. ¿Cómo explica usted el poder de la Palabra de Dios? ¿Por qué el poder de Dios se describe como una espada de dos filos?
2. Lea 1 Pedro 1:23. ¿De qué maneras está viva la Palabra de Dios? ¿Cómo usa el Espíritu Santo la Palabra de Dios para ministrar a nuestra vida?
3. En Hebreos 4 aprendemos que la Palabra de Dios juzga los pensamientos y los deseos de nuestro corazón. ¿Cómo juzga la Biblia nuestros pensamientos y deseos?
4. Lea el Salmo 1:2-3. ¿Qué describe este poderoso pasaje? ¿Cómo nos sana la Palabra de Dios? ¿Cómo nutre nuestro ser interior?
5. Compare la Palabra escrita de Dios con la Palabra encarnada de Dios (Jn. 1:1, 14). ¿Qué nos revela cada una?
6. Versículos adicionales para memorizar: Salmo 19:7-11; 2 Timoteo 3:14-17.

PAZ

Juan 14:27. *La paz les dejo; mi paz les doy.*
Yo no se la doy a ustedes como la da el mundo.
No se angustien ni se acobarden. (NVI)

Filipenses 4:7. *Así experimentarán la paz de*
Dios, que supera todo lo que podemos entender.
La paz de Dios cuidará su corazón y su mente
mientras vivan en Cristo Jesús.

Todo el mundo busca paz. La maestra de escuela dominical quiere paz, el traficante quiere paz, y el alcohólico quiere paz. Todos buscamos tener paz. La pregunta es: ¿dónde podemos hallarla?

Hay ladrones en nuestro interior que vienen a robarnos la paz: culpa, odio, miedo, ira, preocupación, por nombrar unos pocos. También hay ladrones que vienen del exterior: las personas con las que vivimos, los colegas con quienes trabajamos, problemas financieros, el deterioro de nuestra salud. Todos estos, y más, pueden robarnos la paz.

Paz no significa ausencia de sufrimiento y lágrimas. Jesús, aunque estaba en paz con su Padre y consigo mismo, tuvo que soportar los horrores de Getsemaní y de la cruz. Paz significa tener un sentido profundo de estabilidad, una noción de ser guiado por Dios. Se asemeja a la esperanza, pero es más inmediato. Paz es algo que podemos experimentar ahora mismo, sin importar cuáles sean nuestras circunstancias.

A fin de aprender más acerca de esta paz, consideremos estas cuatro palabras que salen de los labios de Jesús: «mi paz les doy» (NVI).

Observe la palabra «mi». Estamos hablando de la paz que le pertenece a Jesús. Se origina en Él y se convierte en nuestra porque nosotros le pertenecemos. Es una paz tridimensional. Primero, tenemos paz con Dios: «Por lo tanto, ya que fuimos declarados justos a los ojos de Dios por medio de la fe, tenemos paz con Dios gracias a lo que Jesucristo nuestro Señor hizo por nosotros» (Ro. 5:1). El pecado nos convirtió en enemigos de Dios. El pecado nos separó de su presencia. Cuando Jesús vino, Él nos reconcilió con Dios pagando nuestra deuda y dándonos paz. Y esta, por cierto, es la respuesta frente a esos ladrones en nuestro interior que quieren destruirnos. Cristo quita la culpa, el desánimo, el remordimiento, el apabullante sentimiento de autocondenación (que imponen con frecuencia mi pecado y el diablo), y de esa manera nos reconcilia con Dios. Experimentar el perdón de Dios es poseer paz.

Hay una segunda dimensión, y es paz unos con otros. Pablo enseñó que al traer paz, Jesús hizo de judíos y gentiles un solo pueblo (Ef. 2:14-16). La animosidad entre judíos y gentiles era como el antagonismo entre árabes y judíos hoy. Pero en Jesús estos grupos son reconciliados. Y si Pablo escribiera a la iglesia de los Estados Unidos diría: «Él nos ha unido a todos nosotros, blancos y negros, asiáticos e hispanos, y a todos los demás». Porque cuando estamos en paz con Dios podemos tener paz con otros. Y si no es así, necesitamos ser reconciliados, necesitamos pedir perdón unos a otros, necesitamos humillarnos.

Hay una tercera dimensión, y es la personal. Cristo dice en efecto: «Yo les puedo dar paz en el corazón». He oído acerca de personas a las que describen como calderas, como si estuvieran en guerra civil permanente en su interior. Tal vez usted, mientras lee esto, reconozca que está vacío y tenso. Jesús puede traer paz a su alma. Estando reconciliado con Dios y con otros, puede tener paz personal.

La segunda palabra que debemos notar es «doy». La paz es un regalo. Y puesto que es un regalo, no está atado a las circunstancias. Es un regalo que se introduce en nuestras circunstancias, independientemente de cuán malas puedan ser. En cada situación, Jesús puede darnos el regalo de su paz. Es un regalo inmerecido. Podemos experimentar esta paz aun cuando nuestras circunstancias no cambien.

Por último, Jesús dijo que Él nos dará esta paz. Jesús conoce su historia pasada. Él sabe lo que está atravesando ahora, y sabe lo que le espera en el futuro. Él conoce todas las contingencias, todas las posibilidades. Él ve los ascensos y los despidos que vienen. Él ya sabe cuándo y dónde morirá usted y lo que se dirá en su funeral. Y Él puede traerle paz sin importar en qué momento de su vida se encuentre.

Jesús hizo esta promesa poco antes de sufrir la traición de Judas, la negación de Pedro, y los horrores de Getsemaní y de la cruz. Satanás quería perturbar la paz de Jesús, pero Jesús dejó claro que el príncipe de este mundo no tenía control sobre Él.

¿Cómo puede ser nuestra esta paz? Isaías escribió: «¡Tú guardarás en perfecta paz a todos los que confían en ti; a todos los que concentran en ti sus pensamientos!» (Is. 26:3). Podemos concentrar nuestros pensamientos en Él memorizando pasajes de las Escrituras, cantando himnos, y reuniéndonos con el pueblo de Dios. Enfocarnos en las promesas de Dios no es algo que suceda automáticamente. Es una lucha, pero rinde frutos apacibles. Sí, Jesús realmente da su paz a aquellos que se centran solamente en Él en lugar de sus circunstancias, dificultades, dolor y angustia.

En algún lugar encontramos este pequeño poema:

> Toda el agua del mundo,
> por mucho que lo ha intentado,

ha podido jamás hundir un barco;
a menos que haya logrado entrar en él.
Todo el mal del mundo,
la maldad y el pecado,
nunca podrán hundir tu alma;
a menos que lo dejes entrar.

Cuando el ministro Arthur Mursell visitó Waterloo, el lugar donde los británicos vencieron al emperador francés Napoleón Bonaparte, vio un gigantesco león de bronce que fue fundido con las armas que los británicos capturaron en esa gran batalla. El león ruge con su boca abierta y sus dientes expuestos hacia el campo de batalla. Mursell dijo haber notado que un pájaro había construido un nido en la boca del león, y que algunas ramas se asomaban entre los dientes. Había pájaros piando tranquilamente entre la boca del león.[9]

Gracias a Jesús, nosotros también podemos estar en paz, aunque estemos en la boca del león.

Reflexión y cambio personal

1. En Juan 14:27 Jesús habla de una paz que Él puede dar. ¿Cómo la recibimos los creyentes?
2. Una dimensión de la paz es la que tenemos como individuos con Dios. ¿Qué nos dice Romanos 5:1 acerca de esta paz? Mencione algunos «ladrones» de la paz interior de los cuales debemos cuidarnos.
3. ¿Qué relación hay entre nuestra paz con Dios y nuestra paz con el prójimo? Y, ¿qué relación tiene con la paz interior en nuestros corazones? ¿Qué papel juega el perdón en la paz que experimentamos?
4. La paz de Dios es una paz sobrenatural que puede ayu-

darnos en toda circunstancia, sin importar cuán difícil sea. Relate algunas ocasiones en las que haya experimentado la paz de Dios en medio de la dificultad.

5. ¿Qué promesa encontramos en Isaías 26:3? ¿Qué actividades pueden ayudarnos a mantenernos fieles y fortalecidos en nuestra fe en los momentos difíciles? ¿A qué pasajes de las Escrituras se aferra para obtener fortaleza?
6. Versículos adicionales para memorizar: Isaías 26:3-4; Colosenses 3:15.

PECADO

Romanos 3:23. *Pues todos hemos pecado; nadie puede alcanzar la meta gloriosa establecida por Dios.*

Juan 8:34-36. *Jesús contestó: Les digo la verdad, todo el que comete pecado es esclavo del pecado. Un esclavo no es un miembro permanente de la familia, pero un hijo sí forma parte de la familia para siempre. Así que, si el Hijo los hace libres, ustedes son verdaderamente libres.*

Hubo una época en la que el término *pecado* era una palabra fuerte. Cuando alguien usaba la palabra *pecado*, sabíamos a qué se refería. Ya no es así, porque ya nadie peca, nada más «toman malas decisiones». Incluso un criminal no peca, simplemente sufre un lapso. No sorprende que tengamos tantas personas con diversas neurosis. Si no entendemos el pecado no tendremos una cura apropiada para éste.

El pecado se puede definir como cualquier acción o pensamiento que no se conforma con la santidad de Dios. Es desobedecer los mandamientos de Dios. Con razón la Biblia dice: «Pues todos hemos pecado; nadie puede alcanzar la meta gloriosa establecida por Dios» (Ro. 3:23). Hemos errado en el blanco, no hemos alcanzado la meta gloriosa establecida por Dios. Y si tenemos un concepto equivocado del pecado, tendremos una visión errónea de todo lo que realmente importa en el mundo. Nuestra comprensión del pecado determina quiénes somos como personas y nuestro entendimiento de Dios y de su gracia.

Cuando hablamos de pecado original, nos referimos al

hecho de que todos hemos nacido con la naturaleza caída de nuestro antepasado Adán. Lo que es más, su pecado nos ha sido imputado, es decir, cargado a nuestra cuenta. En principio esto podría parecer injusto, pero imagine nada más lo que sería nacer en una familia que está muy endeudada. Aunque usted no haya tenido nada que ver con el mal uso de los recursos de la familia, usted hereda la deuda. Si bien es cierto que nosotros no estuvimos en el huerto del Edén cuando Adán y Eva pecaron, todos hemos sentido los efectos de su pecado y de los nuestros. Desde que Adán y Eva cayeron en pecado, cada niño nace como pecador y, por tanto, es un criminal en potencia. En el momento de nacer, la naturaleza de Adolfo Hitler no era, en esencia, diferente a la de la Madre Teresa.

Dado que nosotros mismos somos seres caídos, no podemos entender completamente los horrores del pecado. A menudo pensamos acerca del pecado como las transgresiones externas de adulterio, robo, y otras similares, y olvidamos que el pecado alude esencialmente a los pensamientos y las actitudes el alma. William Farley escribe: «Recuerde, lo único que Adán y Eva hicieron fue morder una manzana prohibida. Ellos no cometieron adulterio ni aspiraron cocaína. Con todo, el resultado fue muerte, sufrimiento, alienación y rechazo para billones de personas. ¿Podemos comprender el horror del pecado en toda su dimensión? ¿Será posible que lo veamos alguna vez desde la perspectiva de Dios?».[10]

No nos damos cuenta de hasta qué grado el pecado nos engaña. No detectamos esos mismos engaños; escapan a nuestro rango de percepción. Una perspectiva inadecuada del pecado conduce a una comprensión inadecuada de la necesidad del evangelio. En su libro *Cómo cambia la gente*, Timothy Lane y Paul David Tripp escribieron: «Una de las razones por las cuales a los adolescentes no les entusiasma el evangelio es porque creen que no lo necesitan. Muchos padres han criado con todo éxito pequeños fariseos que se consideran justos. Cuando se miran a sí mismos no ven a un pecador con una necesidad desesperada, de modo que no están agradecidos porque haya un Salvador».[11]

Una visión superficial del pecado crea en nosotros una visión equivocada de Dios. Sin mucho esfuerzo, pronto ideamos un dios que existe solo en nuestra imaginación. Si nuestros pecados son considerados como algo pequeño, Dios será visto como un ser tolerante y complaciente. En un avión, una mujer le dijo a una amiga nuestra: «Si Dios no me acepta, entonces voy a decirle que se relaje». En otras palabras: «Mis pecados no son tan grandes. Si Dios sabe lo que hace, va a entender mi argumento y me recibirá en cualquier paraíso que exista». He oído cristianos hacer afirmaciones similares: «Está bien, pequé. Dios sabe que soy humano. No soy tan malo como otras personas que conozco».

El pecado no nos deja ver nuestro verdadero yo. Nos volvemos recelosos, reservados, y prontos para justificarnos delante de otros. Vemos con mayor claridad los pecados de los demás que los nuestros. Y sobrevaloramos nuestra propia bondad. No tenemos que ser buenos, pero sí es importante para nosotros parecer buenos ante los demás.

Si se deja avanzar esta actitud complaciente con el pecado, nos llevará a vivir en dos mundos. En el mundo A podemos ser un maestro de escuela dominical, un diácono, una persona respetada en la comunidad. En el mundo B podemos ser un maltratador de la esposa y de los hijos, un alcohólico o, Dios no lo quiera, un pederasta. Al mundo A y al mundo B nunca se les permite aparecer juntos. De hecho, ponemos entre ellos un muro a prueba de sonido, de tal manera que podemos vivir con nosotros mismos. Como dijo un hombre: «Había una parte de mí donde nadie, ni siquiera Dios, tenía permiso para entrar». De este modo, podemos fácilmente construir nuestra vida entera sobre engaños y mentiras.

Asimismo, muchas veces estamos engañados respecto a las consecuencias del pecado a largo plazo. Nos decimos que podemos manejar los efectos del pecado, y creemos que mientras no seamos viciosos, estamos bastante bien, gracias. Entonces vivimos con suficientes placeres pequeños que disimulen el vacío que nos ha causado el pecado. Y olvidamos que estar en paz con nuesto pecado significa estar en guerra contra Dios, y que amar a Dios es odiar el pecado.

El pecado suprime nuestro apetito espiritual. Apaga nuestro interés por Dios y nos lleva a buscarlo en nuestros propios términos. Acudimos a Él para calmar nuestra culpa, pero no para buscar la santidad.

En el estado previo a la conversión, los hombres están «muertos a causa de su desobediencia y sus muchos pecados» (Ef. 2:1). Como un cadáver en una funeraria, somos incapaces de levantarnos, y no podemos reaccionar al mandato de volver a la vida. Es preciso que Dios intervenga, acuda en nuestro rescate, y nos salve.

Todos tenemos un lado oscuro. Lea cuidadosamente lo que escribió Lewis B. Smedes: «Nuestra vida interior no está dividida como el día y la noche, con pura luz en un lado y completa oscuridad en el otro. Gran parte de nuestra alma son lugares sombríos. Vivimos en el límite donde nuestros lados oscuros bloquean nuestra luz y arrojan sombras sobre nuestros lugares interiores. No siempre podemos decir dónde termina nuestra luz y dónde empieza nuestra sombra, o dónde termina nuestra sombra y empieza nuestra oscuridad».[12] Y podríamos agregar que no podemos cambiar nuestra propia naturaleza. El profeta Jeremías preguntó: «¿Puede un leopardo quitarse sus manchas?» (véase Jer. 13:23). Obviamente, la respuesta es *no*. Tratar de convencer a un incrédulo que debe amar a Dios y odiar su pecado es como tratar de convencer a un tigre para que coma paja.

Así como un cadáver no puede sentir dolor, el pecado nos hace insensibles a la realidad de lo que somos; somos incapaces de sentir el efecto de nuestro pecado en Dios y en nuestro prójimo. Somos tan expertos en racionalizar nuestros pensamientos y acciones, y en trastocar nuestra imagen, que rehusamos echar una mirada sincera a nuestro interior con la ayuda del Espíritu Santo. El pecado endurece el corazón y nos lleva a justificar lo que por intuición sabemos que está mal.

Menos mal que Dios viene al cementerio y pronuncia palabras que nos resucitan a una nueva vida. Si usted nunca ha nacido de nuevo, es decir, si Dios nunca le ha dado vida, acójase a su misericordia. Él lo salvará de su pecado y de usted mismo.

Solo Jesús puede rescatarnos de la cautividad engañosa del pecado.

Reflexión y cambio personal

1. ¿Cuáles son algunas definiciones del mundo para el pecado? Lea Romanos 3:23. ¿Cuál es la definición bíblica de pecado?
2. Los teólogos se refieren a lo que se denomina «pecado original». ¿Qué es y cómo nos afecta?
3. ¿A qué nos referimos cuando afirmamos que alguien tiene una idea superficial del pecado? ¿Cómo puede una visión superficial del pecado afectar nuestra vida?
4. ¿Cómo estamos engañados respecto a las consecuencias del pecado a largo plazo? ¿Ha subestimado alguna vez

las consecuencias de un pecado en su vida, para luego descubrir que son más graves de lo que había imaginado? Explique.

5. El pecado puede suprimir nuestro apetito espiritual. ¿Cómo puede cambiar nuestra forma de acercarnos a Dios y de entender la santidad?
6. Versículos adicionales para memorizar: Salmo 38:1-4; Romanos 6:12-13.

PÉRDIDA

Job 1:21. *Desnudo salí del vientre de mi madre y desnudo estaré cuando me vaya. El Señor me dio lo que tenía y el Señor me lo ha quitado. ¡Alabado sea el nombre del Señor!*

Job 13:15. *Dios podría matarme, pero es mi única esperanza; voy a presentar mi caso ante él.*

El día de Job empezó como cualquier otro, pero al caer la noche había perdido a sus diez hijos. Con las tumbas recién cavadas en una colina, tuvo que contemplar la angustia de la increíble pérdida para él y para su esposa. Es evidente que ella permaneció firme en su fe hasta que Job sufrió en su propia carne con forúnculos. En ese punto, ella le propuso a su esposo maldecir a Dios y morir (Job 2:9). Pero Job no estaba dispuesto a renunciar a su integridad. Su fe, aunque desgastada, permaneció intacta.

Cuando usted sufre una pérdida, no necesita amigos que le condenen, sino que lloren con usted en su tristeza. Quiere que otros le ayuden a procesar su profunda pena. No quiere oír un sermón acerca del cuidado de Dios, aunque son las verdades acerca de su cuidado las que lo sostendrán en los días que tiene por delante. Pero lo que usted realmente quiere, y de hecho necesita, son personas que escuchen y de alguna manera compartan su pena. Siempre necesitamos amigos, y en ninguna circunstancia son tan necesarios como cuando sufrimos una pérdida inesperada.

Job no gozaba de la bendición de tener esta clase de amigos. Sus compañeros lo juzgaron, culpabilizándolo de su apuro. Creían que había una conexión estrecha entre la bendición y la obediencia. Habían concluido que él era responsable de todas las tragedias que le habían sobrevenido.

Al final, Job aprendió que incluso cuando los amigos fallan, y cuando no podemos entender lo que ha sucedido, Dios sigue ahí, dando su gracia y mostrando misericordia. Y hay lecciones poderosas que podemos aprender cuando el sufrimiento nos abruma.

Por ejemplo, Job aprendió, como debemos hacerlo todos, que cada prueba es un examen para demostrar cuánto significa Dios para nosotros. ¿Es Él digno de adoración independientemente de las bendiciones que nos da? ¿O servimos a Dios porque hacerlo nos resulta provechoso?

Veamos de nuevo la respuesta de Satanás a Dios: «Job tiene una buena razón para temer a Dios: siempre has puesto un muro de protección alrededor de él...» (Job 1:9-10). En otras palabras, el diablo le dijo a Dios: «Tú estás sobornando a Job para obtener su adoración y lealtad. Él te sirve por las bendiciones que tú le has dado. ¡Cualquiera te serviría si le dieras una linda familia y riquezas!». Satanás insinuó que Job servía a Dios por todas las ventajas que obtenía a cambio de ello.

Casi a diario enfrentamos el mismo desafío. ¿Servimos a Dios solo cuando nos da sus bendiciones? ¿Es Dios bueno solo cuando la vida nos sonríe? ¿O es Dios bueno también cuando nuestros hijos mueren en una tormenta o a manos de un intruso? ¿Debemos ser sobornados para comprometernos? La manera como respondemos a las pruebas responderá todas esas preguntas.

Job nos enseña que cuando Dios quiere poner a prueba a uno de sus siervos, ¡nadie es intocable! Nos asusta descubrir que a Satanás se le haya dado el poder de matar a los diez hijos de Job, ¡diez vidas que podían ser dichosas y bendecidas! Y puesto que Dios quería probar a Job, si podemos expresarlo de una manera cruda, estos hijos eran prescindibles.

Dios no tiene que darnos una pareja, una familia sana, una linda casa y tiempos felices. Él tiene el derecho de darnos hijos y de quitárnoslos, de guardarnos de la enfermedad y de dejarnos sufrir. Cuando Él quiere probar la profundidad de nuestra lealtad, puede tomar aquello que más atesoramos en nuestro corazón.

También aprendemos que los acontecimientos sobre la tierra han de interpretarse a la luz de los sucesos del cielo. Considere lo siguiente: ¡Job no sabía que Dios y el diablo conversaban acerca de él! Él no tenía conocimiento del desafío que interpuso Satanás ante Dios en algún lugar de la esfera celeste. Si Job hubiera sabido que era vigilado por ángeles, demonios, y por Dios, si hubiera sabido que era un caso a prueba, quizás habría soportado todo más fácilmente.

Tal vez Dios y el diablo hayan conversado acerca de usted recientemente. Usted o nosotros podríamos ser escogidos para una prueba inesperada que dará un vuelco a nuestro destino. Sí, somos observados desde los cielos. Y el hecho de que pasemos o no la prueba importa más en el cielo que en la tierra.

Por último, Job nos recuerda que es posible adorar a Dios a pesar de las preguntas sin respuesta. Él no fue advertido acerca de la prueba, no recibió revelación alguna acerca del objetivo de la misma. Después de enterarse de las malas noticias, no recibió una notificación que presentara una explicación de lo sucedido. Tampoco se le garantizó que todo eso culminaría en una gran bendición. La tragedia golpeó de súbito, sin aviso previo y sin posibilidad de apelación.

Con el corazón que latía con fuerza de dolor, Job cayó sobre su rostro y adoró. No maldijo a Dios, y tampoco exigió una explicación. Aceptó el derecho de Dios de dar y de quitar.

Todos sabemos de muertes trágicas rodeadas de preguntas sin respuesta. Una pareja cuyo hijo murió está convencida de que fue asesinado, aunque se dictaminó que había sido un suicidio. Otra pareja cuyo hijo fue hallado muerto en una cuneta no recibió explicación alguna acerca de lo ocurrido.

En una conferencia, un hombre dijo: «Mi hijo se suicidó… si él no está en el cielo, no quiero ir allí. Preferiría estar en el infierno». Quizá su hijo esté en el cielo, confiamos que así sea. Entre tanto, este padre destrozado necesita aprender a adorar a Dios sin conocer la suerte de su hijo. Debemos creer que, sin importar lo que Dios haga, Él está en su derecho de hacerlo. Como nos gusta afirmar, los cristianos vivimos de promesas, no de explicaciones.

Todos tendremos que esperar hasta llegar al cielo para descubrir todos los porqués. Y entre tanto, podemos estar agradecidos por todos aquellos que no han abandonado su fe a pesar del sufrimiento aun cuando los propósitos de Dios no son aparentes.

> Anduve una milla con Placer;
> habló todo el camino;
> pero no me hizo más sabio
> con todo lo que dijo.
> Anduve una milla con Tristeza;
> y no dijo palabra,
> pero cuánto aprendí de ella,
> cuando Tristeza me acompañó.
>
> —Robert Browning Hamilton

Dios está con nosotros en nuestros logros y en nuestras pérdidas. Debemos confiar en Él en todo tiempo, sin importar lo que pase.

Reflexión y cambio personal

1. Una lección que aprendió Job fue que cada prueba es un examen para determinar cuán importante es Dios para nosotros. Algunas pruebas son más difíciles que otras. En medio de una prueba ¿se ha sentido tentado a perder la fe en Dios? ¿Qué le animó a continuar y a soportar la prueba?
2. ¿Le parece que, en ocasiones, su servicio a Dios es condicional? ¿Acostumbramos servirle sólo cuando nos bendice? ¿Cómo responde usted a las pruebas cuando ninguna bendición se asoma en el horizonte?
3. Comente una ocasión en la que su lealtad a Dios haya sido puesta a prueba seriamente. ¿A qué promesas de las Escrituras se aferró?
4. Frente a circunstancias difíciles que están rodeadas por preguntas sin respuesta, ¿está dispuesto a sencillamente confiar en Dios y a conocer los porqués más adelante? ¿Qué beneficios trae esa clase de confianza?
5. Sabemos, a partir del relato de Job, que Dios puede hacer todo lo que Él quiere por causa de su gloria. Las Escrituras dicen que Job perdió a sus diez hijos. Esta es una pregunta difícil: ¿Cómo cree que habría respondido usted si hubiera estado en el lugar de Job?
6. Versículos adicionales para memorizar: Romanos 8:35-39.

PERDÓN

Efesios 4:31-32. *Líbrense de toda amargura, furia, enojo, palabras ásperas, calumnias y toda clase de mala conducta. Por el contrario, sean amables unos con otros, sean de buen corazón, y perdónense unos a otros, tal como Dios los ha perdonado a ustedes por medio de Cristo.*

«Todo lo que usted no perdona, lo transmite», dijo sabiamente un consejero a una mujer que se quejaba amargamente de su esposo infiel. Es comprensible que esta mujer estuviera destrozada, pero cuando una ofensa se encona en nuestro corazón, es imposible recluirla en nuestra alma. Antes bien, termina derramándose en otras relaciones. Como incienso que arde en una casa, el olor no puede quedar encerrado en una habitación, sino que avanza por el pasillo, a los cuartos de baño, y hasta la puerta. De igual manera, nuestra amargura envenena las relaciones personales, sin importar cuánto nos esforcemos por mantenerla confinada a una sola habitación de nuestro corazón. Alimentar una ofensa, en sentido literal, nos hace ciegos a nuestras propias faltas, distorsiona nuestras relaciones personales, y deforma nuestra percepción de nosotros mismos. Las personas ofendidas piensan con frecuencia que tienen el derecho de lastimar a otros. Después de todo, ¡piensen en lo que a *ellas* les ha tocado vivir!

¿Cómo obedecemos la exhortación de Pablo a perdonar a otros como hemos sido perdonados? Primero, debemos gozarnos en el perdón que nosotros mismos hemos recibido. Cuando Dios nos perdona, quita la barrera que el pecado ha puesto entre Él y nosotros, de modo que la comunión queda restaurada. Jesús contó una parábola acerca de un hombre a quien se le perdonó una deuda equivalente a millones de dólares en la actualidad, pero que no perdonó a un hombre que le debía tal vez unos cincuenta dólares (Mt. 18:21-35). Lo significativo es, por supuesto, que cuanto más conscientes somos del tamaño de nuestro propio pecado que Dios ha perdonado libremente, más dispuestos estaremos a perdonar a otros.

En segundo lugar, y esto es algo difícil de lograr, debemos estar dispuestos a renunciar a nuestra actitud de «víctima», y no volver a actuar nunca conforme a lo que otros nos hayan hecho. Algunas personas mantienen abiertas sus heridas emocionales, y no desean que sanen. ¡Son como el niño que se quita su costra para ver si su herida estaba sanando! Para estas personas, su doloroso pasado es su tarjeta de visita, su derecho percibido a volverse manipuladoras, a aprovecharse de otros, y a transferir su odio a su pareja o a sus hijos. Alguien se refirió así a una pareja de esposos: «Ellos enterraron el hacha, pero la tumba era superficial y estaba bien demarcada». En otras palabras, a menos que estemos dispuestos a renunciar a nuestro derecho a aferrarnos a nuestras heridas, siempre volveremos a ellas cuando surja una crisis.

Tercero, debemos tomar la ofensa contra nosotros y decidir entregársela a Dios con la confianza de que Él «hará justicia» en su propio tiempo y a su manera. Debemos poner las heridas de Jesús en lugar de las nuestras. Debemos recordar que Él fue herido por nosotros y que, por consiguiente, Él llevó el sufrimiento que nos correspondía. Y de igual manera debemos aceptar el sufrimiento que otros nos han causado. Tome pues sus heridas y deposítelas al pie de la cruz.

Por último, venza cualquier pensamiento destructivo que pueda tener, reemplazándolo por el pensamiento de Dios tal como aparece en la Palabra. Hace varios años, yo (Erwin) me encontraba en un programa de entrevistas con un hombre cuya esposa había padecido maltratos horribles, y ella a su vez había maltratado a otros. Después de haberse convertido a Cristo, ella memorizó alrededor de 400 versículos de las Escrituras que le ayudaron a dejar atrás su pasado de tal modo que pudiera seguir adelante y ayudar a otros. Ahora tiene un ministerio convincente dirigido a aquellos que han sido lastimados emocionalmente como ella.

El resultado de nuestra decisión de perdonar es que seremos compasivos, y viviremos con una actitud de perdón que nos distinguirá como hijos de Dios. Como reza el dicho, nunca somos más humanos que cuando guardamos rencor ni más parecidos a Dios que cuando perdonamos. Un rencor puede convertirse en un ídolo en nuestro corazón. El deseo de venganza puede volverse más importante para nosotros que obedecer el mandato de Dios de perdonar.

¿Qué ofensa se interpone entre usted y su relación con Dios? ¿Se ha clavado en su alma algún agravio u ofensa? Pase tiempo en la presencia de Dios y permítale mostrarle que su ídolo de amargura es pecaminoso y destructivo. En última instancia, el camino a la sanidad es seguir el ejemplo de Cristo, el cual «no respondía cuando lo insultaban ni amenazaba con vengarse cuando sufría. Dejaba su causa en manos de Dios, quien siempre juzga con justicia» (1 P. 2:23).

Dios nunca dispuso que nosotros lleváramos la carga de la injusticia que hemos padecido, y en cambio ha prometido que hará eso por nosotros. El perdón es el único camino hacia la restauración de nuestra relación con Dios y hacia la libertad de nuestro ser para hacer su voluntad.

Una oración para los que han sido heridos

Padre, ¿irías a las profundidades de mi corazón? ¿Examinarías mi conciencia para revelar mi pecado?

¿Quitarías de mi corazón las dolorosas ofensas? ¿Me darías tú la fortaleza para buscar a quienes he ofendido o que me han lastimado? ¿Quién, oh Padre, quién es capaz de hacer estas cosas? Yo no puedo hacerlo solo. Acompáñame en este momento. Libérame. Necesito tu ayuda. Necesito quebrantarme y rendirme. Concédeme todas estas cosas, te lo pido. Y no dejes de obrar en mí, a fin de que pueda llegar más lejos de donde estoy ahora. Oro en el nombre de Jesús. Amén.

Reflexión y cambio personal

1. ¿Cuáles son los peligros de albergar amargura, furia y enojo?
2. Pablo enseña que debemos perdonar a otros como hemos sido perdonados. ¿A qué se refiere? ¿Qué pasos nos exige tomar?
3. Todos hemos sido heridos por alguien. Si no permitimos que las heridas sanen, ¿qué resultados podemos esperar?
4. Cuando alguien nos ofende, ¿qué tan difícil resulta entregar ese agravio a Dios por la fe, y reemplazar las heridas de Jesús por las nuestras?
5. En el proceso de perdonar a los que nos han ofendido, una clave para vencer pensamientos destructivos que pueden envenenar nuestra mente y nuestro corazón es reemplazarlos con los pensamientos de Dios. ¿A qué pasaje bíblico acude cuando necesita perdonar a alguien?
6. Versículos adicionales para memorizar: Salmos 25:16-18; 38:18-22; 1 Juan 1:9.

PUREZA

Proverbios 4:23. *Sobre todas las cosas cuida tu corazón, porque éste determina el rumbo de tu vida.*

Mateo 5:8. *Dios bendice a los que tienen corazón puro, porque ellos verán a Dios.*

Su deber supremo y su prioridad en la vida es guardar su alma.

Juan Bunyan, en su famoso libro *La guerra santa*, dijo que por su fuerza nuestra alma debería llamarse castillo, por placer debería llamarse paraíso, y por amplitud debería llamarse palacio. «El Rey quiere este palacio exclusivamente para Él y nadie más, y Él se compromete ante los hombres de la ciudad a guardar ese palacio día y noche». Sí, Dios nos pide que reservemos el palacio, que es nuestro corazón y nuestra mente, solo para el Rey. Este reino interior, que solo nosotros conocemos íntimamente y ningún otro ser humano, es más importante de lo que podría llegar a ser nuestro cuerpo.

Por desgracia, desde la caída del hombre, muchos invasores se han apoderado del alma: orgullo, envidia, codicia, lujuria, ira, egolatría. Estos, y otros similares, han hecho su obra ruin. Estos males se han instalado en nuestra vida, cuidadosamente escondidos de los entrometidos ojos de los hombres pero no de los penetrantes ojos de Dios. Nuestra tarea más apremiante será siempre lograr que nuestro corazón obstinado y amante del pecado se rinda a la soberanía del Rey.

Primero, debemos pedir a Dios que examine nuestro corazón y nos ayude a descubrir lo que está ahí. Este primer e imprescindible paso es difícil por la sencilla razón de que no nos va a gustar lo que encontremos. Tenemos una inclinación natural a huir de nuestro verdadero yo. Somos prontos a justificarnos, a compararnos favorablemente con otros, y a inventarnos un sinfín de excusas. Aquí debe reinar la sinceridad, porque si venimos ante Dios con ideas prefabricadas acerca de nosotros mismos y un montón de excusas para nuestros pecados, estas crecerán dentro de nosoros como malezas en un jardín descuidado.

Segundo, debemos dedicar tiempo a pedirle a Dios que nos ayude a identificar las puertas que estos invasores han usado para ocupar nuestra alma. ¿En qué medio prosperan y qué cambios deberíamos hacer para minimizar su entrada? Debemos estar dispuestos a alejarnos de amigos, libros, espectáculos televisivos, películas, y relaciones que sean estímulos que exacerban los pecados que hemos llegado a amar y tolerar. Debemos dar a Cristo la llave de cada puerta de nuestro corazón, incluida la de aquellos armarios donde guardamos cuidadosamente los pecados predilectos para su posterior uso. Siempre es necesario sentir desesperación para liberarse de estos pecados que invaden nuestra vida. No hay lugar para confesiones a medias que se hacen con la única intención de repetir el pecado cuando las condiciones sean favorables.

Debemos pedir a Dios que limpie nuestra alma, que purifique nuestros corazones para que los pecados que hemos consentido sean expulsados. «Pero si confesamos nuestros pecados a Dios, él es fiel y justo para perdonarnos nuestros pecados y limpiarnos de toda maldad» (1 Jn. 1:9).

Debemos prestar atención constante a nuestros corazones porque los apetitos más bajos del alma buscarán sin descanso volver a entrar en nuestra vida. Si descartamos su regreso de manera ingenua, nos abrumarán con sus promesas de satisfacer nuestras necesidades más profundas. El alma limpiada debe ahora dedicarse a ser llena de pensamientos que den prominencia al Rey dueño del castillo, en términos de Bunyan. Nada puede reemplazar la memorización de las Escrituras, la comunión con otros creyentes y otras disciplinas de la fe cristiana.

Jesús prometió que el de limpio corazón verá a Dios. El alma que se deleita en Dios goza de la satisfacción que trae la comunión con el Altísimo. Esta comunión debe ser preservada a toda costa.

Cada hora que invertimos en guardar nuestro corazón es una hora que será agradable al Señor y que nos hará más semejantes a Él.

Reflexión y cambio personal

1. ¿Cuáles son algunas de las luchas que enfrentamos cuando procuramos preservar nuestra pureza y guardar nuestra alma?
2. Pedir a Dios que examine nuestros corazones es un primer paso hacia la pureza. ¿Por qué es a menudo un ejercicio doloroso?
3. Si buscamos la pureza con sinceridad debemos ser sinceros e implacables con nosotros mismos, y dispuestos a limpiar nuestro corazón y mente de los pecados y actividades que nos roban la pureza. ¿Qué clase de pasos debemos tomar para que eso suceda?
4. Lea 1 Juan 1:9. ¿Por qué es fundamental permanecer vigilantes contra los pecados que intentan entrar de nuevo en nuestro corazón y en nuestra mente?
5. Una forma de guardar nuestra alma es leer la Palabra de Dios. De esta manera, llenamos nuestra mente y nuestro corazón con los pensamientos de Dios. Mencione otras

acciones y actividades que pueden ayudarnos a guardar nuestra alma.

6. Versículos adicionales para memorizar: Salmo 19:12-14; Romanos 13:14; Gálatas 2:20; 1 Tesalonicenses 5:23-24; 1 Timoteo 4:12; 2 Timoteo 2:22.

RECOMPENSAS

1 Corintios 3:13-15. *Pero el día del juicio, el fuego revelará la clase de obra que cada constructor ha hecho. El fuego mostrará si la obra de alguien tiene algún valor. Si la obra permanece, ese constructor recibirá una recompensa, pero si la obra se consume, el constructor sufrirá una gran pérdida. El constructor se salvará, pero como quien apenas se escapa atravesando un muro de llamas.*

2 Corintios 5:10. *Pues todos tendremos que estar delante de Cristo para ser juzgados. Cada uno de nosotros recibirá lo que merezca por lo bueno o lo malo que haya hecho mientras estaba en este cuerpo terrenal.*

«Él les secará toda lágrima de los ojos» (Ap. 21:4). ¿Se ha preguntado alguna vez por qué habrá lágrimas en el cielo? Posiblemente se debe a que nos daremos cuenta de que algunos de nuestros seres queridos no pasarán la eternidad con nosotros, sino que se perderán para siempre. O quizá derramemos lágrimas de remordimiento cuando recordemos cómo desperdiciamos nuestra vida a pesar de las oportunidades que Dios nos dio. Después de todo, hasta los creyentes tendremos que rendir cuentas «por lo bueno o lo malo que [hayamos] hecho mientras [estabamos] en este cuerpo terrenal».

Imagine esto nada más: cada uno estará en la presencia de Jesús, el cual evaluará completamente nuestra vida para determinar las recompensas que recibiremos. No queremos decir que veremos nuestros pecados, puesto que éstos han sido perdonados por Cristo y por tanto no pesan en nuestra contra. Sin embargo, nuestra vida completa será sometida a un examen detallado. ¿Qué pasaría si Dios fuera a tomar todo lo que hemos (y lo que no hemos) hecho y convirtiera esos actos en oro, plata o piedras preciosas, o en madera, paja y rastrojos? Entonces, cuando Él encienda el montón con una antorcha, el fuego «revelará la clase de obra que cada constructor ha hecho» (1 Co. 3:13). De esa manera, nuestra vida podría ser probada incluso sin que veamos nuestro pecado.

No seremos juzgados por lo que hicimos antes de nuestra conversión. En otras palabras, no seremos juzgados por lo que hayamos hecho desde nuestro «primer nacimiento», sino por lo que hemos hecho desde nuestro «segundo nacimiento». Es evidente que el apóstol Pablo esperaba salir bien librado en el trono de juicio, aunque hubiera sido un criminal violento antes de su conversión, cuando encarceló cristianos y aprobó su ejecución. Al final de su vida, Pablo escribió: «He peleado la buena batalla, he terminado la carrera y he permanecido fiel. Ahora me espera el premio, la corona de justicia que el Señor, el Juez justo, me dará el día de su regreso; y el premio no es sólo para mí, sino para todos los que esperan con anhelo su venida» (2 Ti. 4:7-8).

Calcule las implicaciones de este juicio venidero.

Primero, cada día es ganancia o pérdida (o una mezcla de las dos), en términos de nuestro juicio futuro. El gran evangelista George Whitefield pidió que se tallaran estas palabras en su epitafio: «Me contento con esperar hasta el día del juicio para esclarecer mi carácter. Y tras mi muerte no deseo otro epitafio que este: "Aquí yace G. W. La clase de hombre que fue lo revelará el gran día"». El enojo de los opositores de Whitefield y los halagos de sus amigos no contarán; solamente importará lo que Jesús diga y piense. El asunto en cuestión no será el tamaño de nuestros ministerios y ni siquiera el alcance de nuestra influencia, sino más bien si vivimos de todo corazón para Dios.

Segundo, si somos fieles, nuestra recompensa será reinar con Cristo en el reino venidero. Aunque bien podría ser que todos los cristianos logren reinar con Cristo, la Biblia establece una condición para dicho privilegio: «Si soportamos privaciones, reinaremos con él» (2 Ti. 2:12). Y si todos los cristianos reinamos con Él, como creen la mayoría de maestros de la Biblia, es claro que a los más fieles se les delegarán mayores responsabilidades en la vida venidera (Lc. 19:11-27). Esté seguro de que la manera en que usted vive en la tierra como cristiano tiene repercusiones eternas.

Por último, es posible que perdamos la aprobación de Cristo. No todos los cristianos le oirán decir: «¡Bien hecho!… Eres un buen siervo» (v. 17). Nuestra responsabilidad más apremiante es vivir tan intensamente para Jesucristo que no seamos avergonzados en su venida. Jesús es generoso, y Él está comprometido a recompensarnos más allá de lo que imaginamos.

Hay una historia, una leyenda proveniente de la India. Un mendigo vio a un acaudalado rajá que se acercaba a él, montado en su hermoso carruaje. El mendigo aprovechó la oportunidad y permaneció junto al camino sosteniendo su taza de arroz, con la esperanza de recibir una limosna. Para su sorpresa, el rajá se detuvo, lo miró, y le dijo:

—¡Dame un poco de tu arroz!

El mendigo se enojó. ¡Pensar que este príncipe rico quisiera su arroz! Con cautela, le dio un grano de arroz.

—Mendigo, ¡dame más de tu arroz!

Enojado, el mendigo le dio otro grano de arroz.

—¡Más por favor!

Para entonces el mendigo estaba furioso de resentimiento. De nuevo le dio con mezquindad al rajá otro grano de arroz, y se alejó. Mientras se alejaba el carruaje, el mendigo, con toda su furia, miró su tazón. Observó que algo brillaba a la luz del sol. Era un grano de oro, del tamaño de un grano de arroz. Miró con más cuidado y encontró apenas dos más.

Por cada grano de arroz que le había dado, había obtenido un grano de oro.

Si nos aferramos a nuestro tazón de arroz perderemos nuestra recompensa. Si somos fieles y damos a Dios cada grano, Él nos dará oro a cambio.

Y el oro que Dios da soportará el fuego.

Reflexión y cambio personal

1. ¿Qué viene a su mente cuando considera la idea de presentarse delante de Jesús para que sea examinado su servicio cristiano? ¿Está haciendo su mejor esfuerzo para servirlo en esta vida?
2. Cada día es una oportunidad para servir a Jesús y para determinar su juicio futuro. ¿Podría encontrar otras formas de servir más a nuestro Señor?
3. Lea 2 Timoteo 2:12 y Lucas 19:11-27. ¿Cómo será recompensado nuestro servicio fiel en el reino venidero?
4. Puede ser que algunos cristianos descubran que han perdido la aprobación de Jesús por causa de su infidelidad. Si esto es posible ¿cuál es nuestra responsabilidad más apremiante?
5. Medite en la historia del mendigo. Quizá solo podamos especular sobre la generosidad de Dios en lo tocante a las recompensas. ¿Qué piensa acerca de la generosidad de Dios en esta vida y de lo que podría suceder en la venidera?
6. Versículos adicionales para memorizar: Salmo 62:11-12; Mateo 25:21; 2 Timoteo 4:7-8.

REDENCIÓN

1 Pedro 1:18-19. *Pues ustedes saben que Dios pagó un rescate para salvarlos de la vida vacía que heredaron de sus antepasados. Y el rescate que él pagó no consistió simplemente en oro o plata sino que fue la preciosa sangre de Cristo, el Cordero de Dios, que no tiene pecado ni mancha.*

El significado de la palabra *redención* pudo ser mucho más claro para los destinatarios de las cartas de Pablo que para nosotros hoy. En su época, había millones de esclavos que podían ser redimidos de la esclavitud si alguien estaba dispuesto a pagar el precio estipulado para obtener su libertad. Entonces, si eran redimidos, podían no solamente salir del mercado de esclavos, sino también ser liberados para servir a su nuevo amo.

De igual forma, nosotros nacemos en el mercado de esclavitud del pecado, y a medida que crecemos demostramos nuestra pecaminosidad pecando, y completamos nuestra culpa justificando nuestro pecado ante nosotros mismos y ante los demás. No podemos pagar el precio de nuestra propia redención ya que, en términos espirituales, estamos en bancarrota, endeudados sin remedio con Dios.

Menos mal que Jesús vino para hacer lo que para nosotros era imposible. Echa un vistazo a su propia misión: «el Hijo del Hombre no vino para que le sirvan, sino para servir a otros y para dar su vida en rescate por muchos» (Mr. 10:45). Él pagó un precio que no podíamos pagar y lo hizo para liberarnos de nuestra esclavitud del pecado y de Satanás.

Así pues, la redención es el medio por el cual se logra la

salvación, concretamente, el pago de un rescate. Redimir es «comprar del mercado». Lo que hizo Dios con su pueblo al liberarlo de Egipto se llama redención, de ahí que Dios se llame el Redentor de Israel. Los israelitas eran esclavos en Egipto y solo mediante la intervención personal y poderosa de Dios pudieron ser liberados.

El mejor ejemplo de redención se encuentra en Éxodo 12, cuando Dios le dijo a Moisés que ordenara a cada hogar israelita sacrificar un cordero sin mancha y esparcir la sangre en los dinteles de las puertas de la casa, para evitar así el juicio del ángel de la muerte. El cordero moría en lugar del primogénito de esa casa, de ahí que el hijo fuera «redimido» del juicio por medio del cordero sustituto. Eso es exactamente lo que sucede cuando somos redimidos de la muerte eterna mediante Jesucristo, quien murió en nuestro lugar para que pudiéramos ser absueltos de nuestro pecado y recibir la justicia de Dios.

En el pasaje citado al principio, Pedro subraya dos hechos: primero, señala nuestra necesidad de ser comprados para salir de la esclavitud del pecado, la cual describe como «la vida vacía» que heredamos de nuestros antepasados. Nuestro problema radica en que no podemos redimirnos a nosotros mismos porque no tenemos un pago perfecto que Dios pueda aceptar.

Segundo, Pedro resalta la asombrosa naturaleza del pago que se ha hecho por nosotros. Plata y oro se consideran usualmente la forma más segura de inversión para conservar nuestro dinero. La prueba está en cómo aumenta su valor en tiempos de crisis. Para Pedro, incluso estos valiosos activos son «cosas corruptibles» (RVR-60), en contraste con el valor incomparable de «la preciosa sangre de Cristo». Si el valor de un objeto depende del precio que se paga por él, entonces somos verdaderamente valiosos, porque hemos sido comprados a un precio muy alto.

¿Quién recibió el pago? Si bien éramos prisioneros del diablo antes de nuestra conversión, el precio no lo recibió él, sino Dios. Por supuesto que todas las cosas pertenecen a Dios, pero el precio que Jesús pagó estaba perfectamente planeado para satisfacer la ira santa de Dios contra el pecado. Él fue el sacrificio perfecto que nuestro Padre celestial aceptó a favor nuestro.

¿Cuáles son las implicaciones de nuestra redención? La más obvia es que ahora pertenecemos a Dios y ya no estamos sometidos a nuestros antiguos amos, que son el pecado y el diablo. En palabras de Pablo: «él nos rescató del reino de la oscuridad y nos trasladó al reino de su Hijo amado, quien compró nuestra libertad y perdonó nuestros pecados» (Col. 1:13-14). Gracias a Jesús, que pagó el rescate, ahora hemos cambiado de dueño, y tanto nuestra identidad como nuestro destino han cambiado para siempre. Podemos actuar conforme a lo que Dios ha hecho por nosotros si creemos que, en efecto, hemos sido liberados de la horrenda maldición del pecado y de su temible condena.

Pedro declaró que la doctrina de la redención es el fundamento de nuestra pureza moral y espiritual. «Al obedecer la verdad, ustedes quedaron limpios de sus pecados, por eso ahora tienen que amarse unos a otros como hermanos, con amor sincero. Ámense profundamente de todo corazón» (1 P. 1:22). Ahora que hemos sido comprados por un nuevo dueño, tenemos la obligación de disponernos a seguirle y a buscar sus planes para nosotros. La redención está en el corazón mismo de un cambio radical de vida tanto en nuestros valores como en nuestras aspiraciones.

El erudito Everett F. Harrison comentó: «Ninguna palabra en el vocabulario cristiano merece mayor estima que Redentor, porque incluso más que Salvador, le recuerda al hijo de Dios que su salvación ha sido comprada con un precio muy alto y personal, pues el Señor se ha entregado a sí mismo por nuestros pecados a fin de librarnos de ellos».[13]

Redención significa que alguien nos amó lo suficiente para comprar nuestra libertad. A Él debemos nuestra más profunda lealtad y alabanza.

Con razón cantamos con frecuencia las palabras de Fanny J. Crosby:

> Redimido ¡cuánto amo proclamarlo!
> Redimido por la sangre del Cordero;
> Redimido por su infinita misericordia,
> Su hijo, y para siempre lo soy.[14]

Reflexión y cambio personal

1. En tiempos bíblicos, el concepto de redención tenía un contexto cultural. ¿Qué significaba redención para los destinatarios de la carta de Pedro?
2. Teniendo en cuenta que se aplica a nuestra liberación de la esclavitud del pecado, explique la doctrina bíblica de la redención. ¿Qué dice Marcos 10:45 acerca del precio pagado para liberarnos de nuestras obligaciones con el pecado y Satanás?
3. Lea 1 Pedro 1:18-19. ¿Cuáles son dos factores clave que resalta Pablo acerca de nuestra necesidad de ser comprados de la esclavitud del pecado?
4. ¿Cuáles son las implicaciones de nuestra redención? (Véase Colosenses 1:13-14).
5. ¿Qué obligaciones debemos cumplir por haber sido redimidos del pecado?
6. Versículos adicionales para memorizar: Efesios 1:7-8; Hebreos 9:12.

RENOVACIÓN DE LA MENTE

Romanos 12:1-2. *Por lo tanto, amados hermanos, les ruego que entreguen su cuerpo a Dios por todo lo que él ha hecho a favor de ustedes. Que sea un sacrificio vivo y santo, la clase de sacrificio que a él le agrada. Esa es la verdadera forma de adorarlo. No imiten las conductas ni las costumbres de este mundo, más bien dejen que Dios los transforme en personas nuevas al cambiarles la manera de pensar. Entonces aprenderán a conocer la voluntad de Dios para ustedes, la cual es buena, agradable y perfecta.*

2 Corintios 10:5. *Destruimos todo obstáculo de arrogancia que impide que la gente conozca a Dios. Capturamos los pensamientos rebeldes y enseñamos a las personas a obedecer a Cristo.*

¿Le ha entregado su ansiedad a Dios sólo para descubrir que una hora después el peso de su preocupación está de nuevo sobre sus hombros? ¿Le pide a Dios que le ayude a controlar su genio, pero aún así estalla? ¿Ha orado contra la lascivia e incluso se ha declarado muerto a los impulsos pecaminosos sólo para verse luchando de nuevo con la pornografía?

Jesús contó una historia que ilustra el principio más importante para romper un hábito pecaminoso. Cuando en un hombre habita un espíritu malo, y luego este demonio es expulsado, éste deambula por lugares secos en busca de reposo. Al no encontrar ninguno, decide regresar al hombre del que salió. Para dicha suya, el demonio ve que su morada original está vacía. Y entonces busca a otros siete espíritus peores que él para ir y vivir con él. Lamentablemente, el hombre, que hacía poco danzaba de alegría, quedó peor de lo que había estado antes (Lc. 11:24-26).

¿Por qué fracasó este hombre en su búsqueda de libertad? Porque no entendió el principio de la sustitución. Ninguno de nosotros puede vencer el mal simplemente renunciando a él. Antes bien, debemos sustituir lo que está mal con algo bueno. Los hábitos pecaminosos no pueden romperse sin sustituirlos con los correctos. Ensaye este sencillo experimento: piense en el número ocho. ¿Ya lo ha visualizado? Si es así, entonces use su fuerza de voluntad para dejar de pensar ahora mismo en el número ocho.

¿Pudo hacerlo? Claro que no. ¿Puede usted, por su pura fuerza de voluntad, dejar de pensar en el número ocho? De ninguna manera. Tratar de sacarlo de su cabeza en realidad lo lleva a enfocarse más en él.

Aunque no podemos dejar de pensar en ese número por pura resistencia, podemos sacarlo fácilmente de nuestra mente. Este es el truco: piense en algunos datos informativos que recuerde acerca de su madre cuando era pequeño. Recuerde su lugar en la familia, y si todavía mantiene lazos con ellos o no. Concéntrese en la información nueva y dejará de pensar en el número ocho.

Usted puede manejar los patrones de pensamiento de la misma manera. El miedo, la lascivia, la codicia, la ira, todos pueden ser expulsados de la mente si dirige sus pensamientos hacia las Escrituras. La libertad viene cuando llena su mente de los pensamientos de Dios.

Conocemos a un hombre joven cuya esposa murió de cáncer. Ella sufrió mucho durante las últimas semanas de su vida. Con todo, ella y su esposo pudieron aceptar esta tragedia sin amargura y sin rastro alguno de autocompasión. Le preguntamos: «¿Por qué tú y tu esposa fueron capaces de aceptar esto tan bien? ¿No se sintieron alguna vez resentidos y enojados con Dios?». Esto respondió: «Sí, tuvimos momentos así. Pero cuando venían, le leía a mi esposa las Escrituras. Entonces compramos el Nuevo Testamento completo en discos compactos, y los pusimos en casa a toda hora». Ese fue el secreto: expulsar los pensamientos de enojo y ansiedad llenando la mente con la Palabra de Dios.

¿Cuál es la mejor forma de sacar el aire de una botella? Tal vez alguien nos sugiera construir una sofisticada aspiradora para extraer el aire. Pero hay una solución más simple. Si llenamos la botella de agua, el aire está obligado a salir.

Si desea desvanecer el poder del pecado, tiene que reemplazar sus patrones de pensamientos negativos con pensamientos de la Palabra de Dios. Cada tentación, vicio, o motivo siniestro llega a usted a través de sus pensamientos, los cuales deben ser puestos bajo el control del Espíritu Santo. La diferencia entre la mundanalidad y la piedad es una mente renovada. Este viejo adagio lo dice claramente: Usted no es lo que piensa que es, pero aquello que usted *piensa*, ¡eso es usted!

Permítanos sugerirle empezar ahora mismo:

Empiece identificando los pensamientos extraños que quiere reemplazar. Debe mencionar las fantasías, las imaginaciones y las actitudes de las que quiere deshacerse. Decir «quiero ser un mejor cristiano» o «quiero ser una persona más feliz» no funcionará. Hablar en términos generales no servirá en este caso. Busque en seguida un pasaje bíblico que se aplique específicamente a su tentación en particular. Puede hacerlo con ayuda de una concordancia, o encontrar los pasajes a medida que va leyendo la Palabra de Dios.

Luego, declarar la guerra en su vida mental significa que debe consagrar tiempo cada mañana a empezar su ataque ofensivo. Le sugerimos un mínimo de 20 minutos. Meditar y memorizar las Escrituras precisa de esfuerzo.

Nada que valga la pena se logra sin esfuerzo. Y junto con esta disciplina viene la necesidad de acercarse a Dios con fe, y de crecer en su amor por Él y en su confianza en Él.

Durante el día, aprenda a obedecer las primeras indicaciones del Espíritu Santo. Si su tentación es consentir fantasías sensuales, confronte de inmediato esos pensamientos. Cada uno de nosotros sabe cuándo dejamos que nuestra mente traspase la línea invisible hacia terreno prohibido. En el momento que esto sucede, sentimos que estamos violando la pureza que el Espíritu Santo desea en nosotros. Ese es el momento de decir: «En el nombre de Jesús rechazo esos pensamientos». Y en seguida cite pasajes de las Escrituras que haya aprendido para enfrentar esa tentación. Con el tiempo, irá creciendo en su corazón la sensibilidad a la convicción del Espíritu Santo.

Use su tentación como un sistema de alarma, como una señal de que ha llegado el momento para alabar a Dios. Si por ejemplo usted teme al cáncer (y puesto que uno de cada cuatro personas en los Estados Unidos padecerá algún tipo de cáncer, sus temores pueden tener una base estadística), use ese temor como una oportunidad para glorificar a Dios. Cite Romanos 8:35-39 o lea los Salmos 103, 144, o 145. Entonces dé gracias a Dios por todas las bendiciones que tiene en Cristo. Dele gracias por el perdón, por su soberanía, por su poder, y por su amor. De esa manera, su piedra de tropiezo se convertirá en un peldaño. Estará alabando en lugar de estar quejándose.

¿Cuánto tiempo necesita la mente para ser renovada? Eso depende. Algunos cristianos que aplican estos principios notan mejorías en una semana. Otros, que han estado sumergidos en pecado durante décadas, pueden necesitar meses antes de poder decir «¡Soy libre!». Y, por supuesto, nadie alcanza la perfección. Cuanto más meditemos en la Palabra, más claramente veremos nuevas áreas de nuestra vida que necesitan ser cambiadas. Los motivos sutiles suelen salir a flote solo después de una prolongada exposición a la luz de la Palabra de Dios.

Así que empiece ahora mismo. Reemplace sus pensamientos pecaminosos con pensamientos de la Palabra de Dios. Una mente renovada es la puerta a una vida renovada.

Reflexión y cambio personal

1. Lea de nuevo la historia que contó Jesús acerca del hombre con un demonio. ¿Qué quería explicar Él con esta historia?
2. Explique el principio de la sustitución. ¿Cómo se aplica a la hora de romper con hábitos pecaminosos?
3. ¿De qué manera la lectura de la Palabra de Dios desvanece el poder del pecado? ¿Cómo nos ayuda el Espíritu Santo en este proceso?
4. Considere la afirmación: «La diferencia entre la piedad y la mundanalidad es una mente renovada». ¿Qué tan importante es para nosotros nutrirnos diariamente de la verdad de la Palabra de Dios? ¿Por qué puede la memorización de las Escrituras ser un método eficaz para atesorar en su mente los pensamientos de Dios?
5. Este capítulo presenta un método en cuatro pasos para renovar nuestra mente. Revise estos pasos. ¿Está preparado para tomarlos e invertir el esfuerzo y la disciplina necesarios para renovar su mente?
6. Versículos adicionales para memorizar: Salmo 19:12-14; Filipenses 4:8.

SATANÁS

Santiago 4:7-10. *Así que humíllense delante de Dios. Resistan al diablo, y él huirá de ustedes. Acérquense a Dios, y Dios se acercará a ustedes. Lávense las manos, pecadores; purifiquen su corazón, porque su lealtad está dividida entre Dios y el mundo. Derramen lágrimas por lo que han hecho. Que haya lamento y profundo dolor. Que haya llanto en lugar de risa y tristeza en lugar de alegría. Humíllense delante del Señor, y él los levantará con honor.*

1 Pedro 5:8-9. *¡Estén alerta! Cuídense de su gran enemigo, el diablo, porque anda al acecho como un león rugiente, buscando a quién devorar. Manténganse firmes contra él y sean fuertes en su fe. Recuerden que sus hermanos en Cristo, en todo el mundo, también están pasando por el mismo sufrimiento.*

Satanás anda al acecho, poniendo trampas al pueblo de Dios (y sí, también a los incrédulos). Está escondido, esperando un momento de descuido. Si pudiéramos saber hasta qué punto nos conoce, si pudiéramos entender cuánto se regodea con la idea de que desprestigiemos a Cristo, escudriñaríamos las Escrituras para aprender más sobre él y acerca de las armas que Dios nos ha dado para la batalla.

Satanás mismo nos resulta aborrecible. Consciente de esto, se nos presenta con diferentes disfraces y diversidad de nombres. Su meta es lograr que hagamos algo que *él* quiere, al tiempo que nos hace creer que la idea es toda nuestra.

Como es comprensible, su principal punto de ataque

es la mente humana. Él tiene diferentes grados de acceso (según la medida de pecado que toleramos) y aprovecha al máximo sus oportunidades. Puesto que no es un caballero y juega solamente según sus propias reglas, influye en nuestros pensamientos y sentimientos sin una invitación formal. Lo que más le place es que su actividad quede completamente encubierta.

Para evitar sospechas o temor, le da a sus ideas nombres con los cuales nos sentimos cómodos. Así como nos parecería absurdo atrapar un ratón sin una trampa, Satanás sabe que debe permanecer escondido. Pero detrás de la trampa está el trampero, y detrás de la mentira está el mentiroso. Hasta el lobo de *Caperucita roja* fue lo bastante astuto para saber que no debía decirle a la abuelita «¡Déjeme entrar porque soy el lobo!». En cambio, disfrazó su voz y susurró: «Soy Caperucita roja».

La ocupación permanente de Satanás es hacernos ver el pecado como algo bueno. Sea cual sea el señuelo que use, es un ser espiritual muy inteligente que trama nuestra caída. Su intención es provocar nuestra vergüenza y neutralizar nuestra eficacia en el servicio a Cristo.

Satanás cuenta también con miles de espíritus inferiores bajo su autoridad, los cuales tienen diferentes grados de inteligencia y poder. Están muy organizados y son forzados a convertirse en sus mercenarios, sus sirvientes que ejecutan sus deseos. Si desobedecen, es probable que su cruel líder los castigue.

Por supuesto, aunque Satanás y sus demonios no existieran, habría violencia, adicciones y vidas perdidas. Tenemos una naturaleza pecaminosa que es capaz de toda clase de mal. Sin embargo, Satanás juega un papel clave en tentarnos, y *si* accedemos a sus provocaciones, apretará sus cadenas para mantenernos atados.

¿Cómo lo resistimos?

Debemos considerar todo pecado como nuestro enemigo, nunca como nuestro amigo. Cuando estamos frente a una decisión moral o espiritual, debemos entender que no podemos pecar sin que se produzcan consecuencias graves. Debemos recordar que si abrazamos el pecado, abrazamos al diablo. El pecado es su patio de recreo, es su trampa. Y si le da la mano, él volverá para tomarse el brazo.

Algunas veces enfrentamos una decisión que no parece una clara elección entre el bien y el mal. Nos referimos a aquellos argumentos que usamos cuando la voluntad revelada de Dios contradice nuestras emociones o nuestras opiniones. Una mujer puede verse tentada a casarse con un hombre cuyo divorcio no tenía un fundamento bíblico. O un hombre puede convencerse a sí mismo de que está bien casarse con otra mujer después de divorciarse de su esposa simplemente arguyendo que el primer matrimonio no era satisfactorio. Es incapaz de ver lo malo de su acción por el amor que siente en su corazón hacia su nueva pareja. Los argumentos son innumerables.

Dese cuenta de que Satanás puede atraparlo en un solo acto. El ratón no necesita varias experiencias con trampas para ser atrapado. Basta con una sola mordida de queso. Algunas personas resisten la tentación durante muchos años, y aun así en un acto de debilidad toman una decisión que las conduce a la ruina. Un solo acto inmoral o una mala elección de pareja, entre otros pecados, han llevado a los creyentes a una vida de deterioro y estancamiento espiritual. Claro que Dios es poderoso para restaurar estas situaciones después del arrepentimiento y de rendirse a su voluntad. Pero no podemos revertir el daño. Pregúntele nada más a David.

Como Jesús, debemos enfrentar a Satanás diciendo: «Vete de aquí, Satanás… porque las Escrituras dicen…» (Mt. 4:10). Note por favor que el hecho de que Jesús citara las Escrituras no hizo que Satanás se alejara de inmediato. Él regresó con otra tentación, y después otra. Lucas escribió que al fin «el diablo se fue» (v. 13). Debemos resistir a Satanás una y otra vez, con frecuencia en cuestión de un momento. Él nos dejará, pero tenga por cierto que volverá.

No se dé por vencido fácilmente. Resístalo, y permanezca firme en la fe. Si usted cita uno o dos versículos y no ve resultados inmediatos, no ponga en duda la eficacia de la Palabra de Dios. Cuando se trata de romper una fortaleza, debemos resistir a Satanás reiteradamente, quizás por un tiempo prolongado, porque él solo retrocede a regañadientes, y siempre con la intención de volver a atacar.

Entienda que la mejor defensa es la armadura de Dios. Por cuestión de espacio es imposible dar una explicación detallada de esta armadura que Dios ha puesto a disposición de cada creyente (ver páginas 28-32, donde se habla más detalladamente de la armadura). Sin embargo, debe vestirse de esta armadura a diario por medio de la oración y por la fe. Aprópiese de cada parte, y sométase a la autoridad de la Palabra de Dios. Satanás no es invencible, solamente Dios lo es. En su presencia, el diablo es débil y se encoge de miedo.

Levántese contra Satanás en la congregación del pueblo de Dios y será librado de la tiranía del maligno.

Reflexión y cambio personal

1. A partir de lo que leímos en 1 Pedro 5:8-9 sabemos que Satanás anda al acecho, apuntando y poniendo trampas a todos aquellos que son presa de sus actividades. Sabemos que podemos ser atacados por todos lados, pero ¿cuál es su principal punto de ataque?
2. ¿Cuál es la ocupación permanente de Satanás? ¿Qué estrategias emplea?

3. Si bajamos la guardia y cedemos a la tentación, podemos ser atrapados en un solo acto. ¿Conoce sus debilidades? ¿De qué maneras puede proteger mejor su mente y su corazón? Esté seguro de que el enemigo sabe por dónde atacar.
4. Santiago nos llama a resistir a Satanás. ¿Qué sucede cuando abrazamos el pecado? ¿Qué podemos hacer para despojar a Satanás de su poder?
5. Lea Efesios 6:10-20. ¿Cuál es la «armadura de Dios»? Comente acerca de cada parte del equipo y de qué manera es eficaz para protegernos contra las tretas del diablo.
6. Versículo adicional para memorizar: Apocalipsis 20:10.

LA SEGUNDA VENIDA DE CRISTO

Tito 2:13-14. *Mientras anhelamos con esperanza ese día maravilloso en que se revele la gloria de nuestro gran Dios y Salvador Jesucristo. Él dio su vida para liberarnos de toda clase de pecado, para limpiarnos y para hacernos su pueblo, totalmente comprometidos a hacer buenas acciones.*

1 Juan 3:2-3. *Queridos amigos, ya somos hijos de Dios, pero él todavía no nos ha mostrado lo que seremos cuando Cristo venga; pero sí sabemos que seremos como él, porque lo veremos tal como él es. Y todos los que tienen esta gran expectativa se mantendrán puros, así como él es puro.*

Entre los cristianos, hay con frecuencia desacuerdo acerca de los acontecimientos que rodean la segunda venida del Señor Jesucristo. Por ejemplo, nosotros creemos que el regreso de Cristo debe considerarse en dos etapas: la primera será el arrebatamiento de la iglesia, y al final de la gran tribulación ocurrirá la gloriosa venida de Jesús, cuando Él juzgará al mundo y nosotros empezaremos a reinar con Él. Otros maestros de la Biblia están convencidos de que el arrebatamiento y la gloriosa venida son un mismo suceso. Pero sin importar cuál sea nuestra opinión, no debemos pasar por alto el punto clave del Nuevo Testamento: puesto que Jesús va a volver, debemos llevar vidas santas como preparación para su venida. En síntesis, las profecías de la Biblia no fueron escritas para satisfacer nuestra curiosidad acerca del futuro, sino para cambiar nuestra forma de vivir sobre la tierra.

En Tito 2:13-14, Pablo enlaza dos ideas: la gracia de Dios y el regreso de Cristo. No debemos interpretar que este versículo enseña que la gracia de Dios en Cristo se ha manifiestado de manera universal a todas las personas, sino más bien que por medio de la manifestación de Cristo la gracia está *disponible* para todos. Esta gracia, bien entendida, nos enseña «a que nos apartemos de la vida mundana y de los placeres pecaminosos. En este mundo maligno, debemos vivir con sabiduría, justicia y devoción a Dios» (v. 12). De modo que mientras muchas personas consideran la gracia de Dios como una licencia para pecar, Pablo enseñó lo contrario: la gracia conduce a la santidad personal.

¿Cómo conduce la gracia a la santidad? Primero, al enfocarnos en el pasado, recordamos el alto precio de nuestra redención, y esto nos motiva a querer agradar a Dios con un corazón agradecido. Y segundo, la gracia promueve una vida en santidad al enfocarnos en el futuro, «con esperanza ese día maravilloso en que se revele la gloria de nuestro gran Dios y Salvador Jesucristo». Cada vez que en el Nuevo Testamento encontramos una referencia al regreso de Cristo, ésta se relaciona con la santidad. El segundo versículo citado constituye un ejemplo de esto: «Queridos amigos, ya somos hijos de Dios, pero él todavía no nos ha mostrado lo que seremos cuando Cristo venga; pero sí sabemos que seremos como él, porque lo veremos tal como él es. Y todos los que tienen esta gran expectativa se mantendrán puros, así como él es puro» (1 Jn. 3:2-3).

Después que Pablo nos insta a vivir anhelando la venida gloriosa de Cristo, prosigue a decir que Jesús «dio su vida para liberarnos de toda clase de pecado, para limpiarnos y para hacernos su pueblo, totalmente comprometidos a hacer buenas acciones» (Tit. 2:14). Él muestra que el propósito de Dios al pagar un precio tan tremendo por nuestra redención fue comprar un pueblo santo. Cuando traemos a nuestra mente el regreso futuro del Señor, esto debe motivarnos a pagar el precio que sea necesario para alinear nuestra vida con el propósito de santidad que Dios desea.

Tenga en cuenta que cuando Cristo regrese ocurrirán dos sucesos diferentes de manera instantantánea. Aquellos que han muerto en Cristo resucitarán de sus sepulcros para encontrarse con Él en el aire, completos con sus cuerpos nuevos, glorificados y eternos. Y los creyentes que estén vivos en el momento de su regreso escaparán de la muerte y serán transformados igualmente, de modo que ambos grupos se encontrarán con Él en el cielo. Y así estaremos con el Señor para siempre (1 Ts. 4:15-17). Con razón Pablo dijo a quienes lloraban la muerte de sus seres queridos: «Así que anímense unos a otros con estas palabras» (v. 18).

¿Es posible que un cristiano sea avergonzado en el regreso de Cristo? Juan escribió: «Y ahora, queridos hijos, permanezcan en comunión con Cristo para que, cuando él regrese, estén llenos de valor y no se alejen de él avergonzados» (1 Jn. 2:28). Así es cómo debemos vivir a la luz del regreso de Cristo. Pedro lanzó un llamado similar, recordándonos el hecho de que esta tierra al final será quemada: «Pero el día del Señor llegará tan inesperadamente como un ladrón. Entonces los cielos desaparecerán con un terrible estruendo, y los mismos elementos se consumirán en el fuego... Dado que todo lo que nos rodea será destruido de esta manera, ¡cómo no llevar una vida santa y vivir en obediencia a Dios, esperar con ansias el día de Dios y apresurar que este llegue!» (2 P. 3:10-12).

No es preciso que tengamos todas nuestras preguntas contestadas acerca de los detalles específicos que rodean la Segunda Venida para que nos preparemos para este acontecimiento. Nada debe generar un cambio más permanente en nuestra vida que el conocimiento de que Cristo volverá un día y seremos partícipes de su venida.

Despertemos cada día con la esperanza del regreso de Jesús, y entonces vivamos con los valores eternos presentes. Y si Jesús no regresa mientras estamos vivos, seremos resucitados para verlo cuando vuelva. En cualquier caso, arrepintámonos hoy de todo lo que estorbe nuestro compromiso absoluto de vivir para su gloria.

El tiempo es breve, y la eternidad larga.

Reflexión y cambio personal

1. ¿Cuáles son las doctrinas del arrebatamiento y la Segunda Venida? ¿Qué creemos que sucederá durante estos acontecimientos?
2. Mientras esperamos el regreso de Cristo, ¿cuál debe ser nuestra actitud aquí en la tierra? ¿Está usted listo para el regreso de Cristo?
3. Pablo enseñó que la gracia conduce a la santidad personal. ¿Cómo ocurre ese proceso (lea 1 Jn. 3:2-3)?
4. Cuando Pablo habló del regreso de Cristo, instó a los tesalonisenses a animarse «unos a otros con estas palabras» (1 Ts. 4:18). ¿Qué sucesos ocurrirán instantáneamente cuando Jesús vuelva?
5. ¿Por qué algunos cristianos serán avergonzados delante de Cristo en su venida? Lea 1 Juan 2:28 y 2 Pedro 3:11-12. Comente cómo podemos asegurar nuestra confianza para presentarnos ante Cristo cuando regrese.
6. Versículos adicionales para memorizar: 1 Corintios 15:51-52.

SEGURIDAD

Romanos 8:15-16. *Y ustedes no han recibido un espíritu que los esclavice al miedo. En cambio, recibieron el Espíritu de Dios cuando él los adoptó como sus propios hijos. Ahora lo llamamos «Abba, Padre». Pues su Espíritu se une a nuestro espíritu para confirmar que somos hijos de Dios.*

1 Juan 5:13. *Les he escrito estas cosas a ustedes, que creen en el nombre del Hijo de Dios, para que sepan que tienen vida eterna.*

Uno de los dones más preciosos que Dios nos concede es la seguridad de nuestra salvación. De niño yo oraba con frecuencia pidiendo a Jesús que «viniera a mi corazón». Pero como no sentía que sucediera algo diferente después de esto, daba por sentado que yo no había «nacido de nuevo». Cuando tenía alrededor de 14 años, mis padres me aconsejaron: «Tienes que recibir a Cristo por la fe». De modo que me arrodillé de nuevo y dije: «Por la fe recibo ahora a Cristo como mi Salvador». Después de esto tuve un sentimiento sobrecogedor de paz y de confianza, percibí con fuerza la presencia de Dios y estaba seguro de que lo conocía. Y ese sentimiento de confianza, esa seguridad, me ha acompañado desde entonces.

Las personas de otras religiones no tienen esa clase de seguridad personal. Por ejemplo, muchos musulmanes creen que el islam es la religión correcta, pero no tienen la seguridad de que cuando mueran irán al cielo. Escuché a un musulmán decir: «Hago mi mejor esfuerzo y espero ir al cielo, pero no tengo idea de lo que Alá va a hacer». Lo mismo puede decirse de personas de otras religiones. Solo Cristo puede garantizar la seguridad personal porque solo Él está calificado para ser un Salvador.

¿En qué se fundamenta nuestra seguridad? Primero, en la muerte y resurrección de Jesús a favor nuestro. Si usted cree que Jesús con su muerte y resurrección cumplió todos los requisitos para su salvación, si acepta y recibe esto, usted es salvo y lo sabe. Así es, porque como respuesta a esta clase de fe nos es concedido el Espíritu Santo que confirma que somos hijos de Dios. Tenemos un sentimiento incontenible de confianza de que pertenecemos a Dios porque confiamos en sus promesas.

Hay varias razones por las cuales algunas personas no están seguras de su salvación. Una de ellas es que existe una rama del cristianismo que enseña equivocadamente que la salvación es un esfuerzo cooperativo entre Dios y nosotros. Si usted hace su parte, Dios hará la suya. Con razón resulta difícil tener la seguridad, ya que al creer que la salvación depende en parte de sus buenas obras, no hay manera de saber si sus obras son lo bastante buenas. ¡Y la Biblia nos enseña que nunca lo son! (véase Ef. 2:8-9 y Tit. 3:5).

Quienes creen que su pecado es más grande que la gracia de Dios tampoco tienen seguridad alguna. Hace un tiempo yo (Erwin) hablé con una mujer que, a pesar de enseñar en un estudio bíblico y de incluso haber guiado a otros a Cristo, dudaba de su propia salvación. Le conté la historia de un hombre que tenía que cruzar un lago congelado y que, temeroso de que el hielo no lo sostuviera, andaba a gatas para distribuir su peso equitativamente sobre el hielo. Entonces alzó su mirada y vio a un grupo de caballos que se acercaban detrás de él. Comprendió que si el hielo era lo bastante fuerte para sostener a los caballos, era indudable que podía soportarlo a él. Así que inmediatamente se puso de pie con confianza.

Le dije a esta mujer: «El hielo que ha sostenido a todos los que han confiado antes en Cristo es igualmente fuerte. Algunos de nosotros caminamos sobre él y lo disfrutamos, pero usted anda a gatas y con miedo. ¡Ya es hora de que se levante con fe renovada en Cristo!». Jesús es poderoso para salvar a todo pecador que cree en Él.

Otro motivo por el cual algunas personas no tienen seguridad de su salvación es que, para empezar, ¡posiblemente no hayan recibido a Cristo como su Salvador! Nunca han creído realmente en Jesús como su Señor y Salvador. Quizá hicieron una oración pero aún así no conocen la salvación, porque una oración no nos salva. Solo poner su propia confianza en Jesús puede darles perdón y aceptación. Tal vez no sientan la seguridad porque han desarrollado la confianza en sí mismos como resultado de creer que la salvación es solo cuestión de ser bueno.

¡Cuán diferente es tener la seguridad personal! Por lo general, cuando vamos a un aeropuerto tenemos los pasajes confirmados en la mano, pero algunas veces hemos viajado con lista de espera. Cuando eso sucede, esperamos ansiosos sin saber si nos llamarán o no para embarcar en el avión. En cambio, cuando tenemos los pasajes en la mano podemos quedarnos tranquilos porque sabemos con certeza que hay asientos reservados para nosotros en el vuelo.

Cuando a James Simpson, la primera persona que usó cloroformo en cirugía, le preguntaron antes de morir: «¿Cuáles son sus conjeturas respecto a su futuro?», él respondió: «No tengo conjeturas». Entonces citó 2 Timoteo 1:12: «Yo sé en quién he puesto mi confianza y estoy seguro de que él es capaz de guardar lo que le he confiado hasta el día de su regreso».

Hoy, por medio de la fe en Cristo, usted puede tener un pasaje confirmado. «Les he escrito estas cosas a ustedes, que creen en el nombre del Hijo de Dios, para que sepan que tienen vida eterna» (1 Jn. 5:13). Reconozca su pecado y acepte lo que Jesús hizo por usted en la cruz y en su resurrección, y tendrá un lugar reservado para usted en el cielo.

Reflexión y cambio personal

1. Explique lo que entiende acerca del concepto de «seguridad personal».
2. ¿Por qué la muerte y la resurrección de Jesús son el fundamento de nuestra seguridad? ¿Por qué es tan importante que respondamos con fe a su muerte y resurrección?
3. Algunos que carecen de seguridad creen que su pecado es más grande que la gracia de Dios. ¿Qué les diría?
4. ¿De qué manera creer en Jesús para vida eterna ofrece respuestas a la inseguridad de una persona?
5. En 2 Timoteo 1:12, se presenta una de las grandes afirmaciones de las Escrituras. ¿Cómo entiende la relación entre fe y seguridad?
6. Versículos adicionales para memorizar: Juan 10:27-30; 1 Juan 3:1-3.

SENSUALIDAD

Mateo 5:27-30. *Han oído el mandamiento que dice: «No cometas adulterio». Pero yo digo que el que mira con pasión sexual a una mujer, ya ha cometido adulterio con ella en el corazón. Por lo tanto, si tu ojo —incluso tu ojo bueno— te hace caer en pasiones sexuales, sácatelo y tíralo. Es preferible que pierdas una parte de tu cuerpo y no que todo tu cuerpo sea arrojado al infierno. Y si tu mano —incluso tu mano más fuerte— te hace pecar, córtala y tírala. Es preferible que pierdas una parte del cuerpo y no que todo tu cuerpo sea arrojado al infierno.*

Jesús no nos permite justificar nuestras pasiones. Él enseñó claramente que mirar a una mujer con lujuria es cometer adulterio en el corazón. También sabía que la lujuria es parte de lo que somos como seres humanos caídos, y que quitarla de nosotros podría resultar tan difícil como quitarnos una parte de nuestro cuerpo.

Jesús dijo que si nuestro ojo nos hace caer, debemos quitárnoslo. Él sabía que para los hombres la lujuria empieza especialmente en el ojo. Hay por doquier estímulos que seducen por medio de imágenes, ya sea en la gran pantalla, la televisión, o un monitor de computadora. Después, Jesús habló de la mano, la cual representa la etapa siguiente en la excitación sexual, particularmente en las mujeres. Las palabras amorosas pueden fácilmente estimular sexualmente y desencadenar conductas pecaminosas. Jesús dijo que si es preciso sacar el ojo o cortar la mano, que así sea. Porque «es preferible» perder una parte de su cuerpo que perder el cuerpo entero y que «sea arrojado al infierno».

Sobra decir que Cristo hablaba en sentido figurado.

Someter a alguien a alguna clase de mutilación para atenuar las pasiones lujuriosas no es lo que Él tenía en mente. Incluso si un hombre se sacara su ojo derecho, podría seguir con su lujuria con el izquierdo. Y cortarse la mano difícilmente podría atenuar los deseos sexuales del cuerpo. Esta no es una enseñanza literal.

Sin embargo, en un sentido las palabras de Cristo son muy ciertas literalmente: sería preferible perder un ojo en esta vida que entrar al infierno con los dos. Y sería preferible tener un brazo en el cielo que ir al infierno con dos. Lo que Cristo quiso decir, en el tono más vehemente posible, es esto: *Esté dispuesto a hacer todo lo que sea necesario para evitar caer en el pecado sexual.*

La amputación es dolorosa. No prescindiríamos de un ojo o de una mano a menos que fuera absolutamente necesario. De igual forma, debemos estar dispuestos a cortar con la lujuria, cueste lo que cueste. Ante cualquier forma de tentación debemos detener el proceso, porque es un pecado dulcemente envenenado.

Un joven me contó lo difícil que fue para él tirar las imágenes pornográficas que había almacenado en su garaje. El hábito se había infiltrado tanto en su vida que sintió que se desprendía de una parte de su ser. Pero Jesús dijo: «Sin importar cuán doloroso sea, ¡hágalo!».

Hace poco, yo (Erwin) hablé con un hombre que estaba enamorado de una mujer que no era su esposa. Le expliqué que esa relación debía acabar, que debía volver a su esposa y reconstruir su matrimonio deteriorado. Él todavía quería profundamente a la otra mujer, y sentía con ella una «unidad» que nunca había experimentado con su esposa. Le expliqué que debía terminar esa «aventura» sin importar cuán doloroso fuera. Jesús diría: «Aunque sea espantoso el dolor emocional, ¡hágalo!».

Para algunos, apartar las tentaciones que nos hacen tropezar podría significar deshacerse del televisor. Para otros podría ser cortar con amistades que conducen al pecado. Y aún para otros podría significar cambiar de trabajo o mudarse. Y para todos significa rendir cuentas ante otros miembros del cuerpo de Cristo.

¿Demasiado drástico? ¡No lo es más que sacarse un ojo o cortarse una mano! Si no estamos dispuestos a tomar medidas radicales, nuestra batalla por la pureza está perdida. Si no sabemos qué hacer, entonces deberíamos orar: «No permitas que cedamos ante la tentación, sino rescátanos del maligno» (Mt. 6:13). Debemos con toda sinceridad volvernos a Dios en sumisión y desesperación.

La amputación es dolorosa, pero también definitiva. El escritor puritano Benjamin Needler lo expresó en estos términos: «No debemos despedirnos del pecado como lo hacemos de un amigo, con el propósito de verlo de nuevo y experimentar la misma cercanía de antes, o incluso mayor... Debemos... sacudirnos de él, como sacudió Pablo la serpiente de su mano y la lanzó al fuego».[15] Sí, debemos quemar todo puente que nos haya conectado a él, y no mirar jamás atrás (¿recuerde la esposa de Lot?).

A. W. Tozer tenía razón cuando dijo: «Aquella parte de nosotros que rescatamos de la cruz puede ser muy pequeña, pero fácilmente se convierte en el centro de nuestros problemas espirituales y de nuestras derrotas». Somos más proclives a «satisfacer los deseos de la carne» cuando rehusamos cerrar todas las puertas que la tentación abre para el ataque continuo del diablo.

Dice un adagio que si alguien va a saltar para cruzar un abismo es mejor que lo haga en un solo salto largo que en dos cortos. De igual forma, cuando lidiamos con el pecado en nuestra vida es mejor hacerlo de manera completa, radical, que no facilite volver sobre nuestros pasos.

El pecado sexual, sin importar cuán atractivo sea,

nunca vale más que un brazo, una pierna, o peor aún, los sufrimientos del infierno. Aunque yo (Erwin) no estoy de acuerdo con Henry David Thoreau en la mayoría de las cosas, tenía razón cuando dijo: «Cuán prontos somos a satisfacer el hambre y la sed de nuestros cuerpos, y cuán tardos para satisfacer el hambre y la sed de nuestras almas».

Sea lo que sea que Dios le pida hacer, ¡hágalo!

Reflexión y cambio personal

1. Lea Mateo 5:27-30. Aunque hablaba en sentido figurado, ¿cuál es el mensaje central de Jesús en este pasaje?
2. Note que Jesús denunció el adulterio más allá del acto físico para incluir el adulterio del corazón. ¿Con cuánta frecuencia nos encontramos frente a la tentación de la lujuria? ¿Cuál debe ser nuestra respuesta automática ante la lujuria?
3. Considere los ejemplos citados de estilos de vida pecaminosos que necesitan «amputación». Quizá pueda citar algunos similares. ¿Qué tan drásticos y radicales debemos ser para librarnos de pecados sexuales y de la sensualidad?
4. Lea la cita de A. W. Tozer en este capítulo. ¿A qué tipo de riesgos nos exponemos cuando fallamos en cerrar todas las puertas a la tentación?
5. ¿Ha tenido que cortar alguna vez un hábito pecaminoso de su vida? ¿Qué tan arraigado estaba en su vida antes de cortar con él? ¿Valió la pena sufrir el dolor que produjo quitarlo?
6. Versículos adicionales para memorizar: Salmo 119:9; 1 Corintios 6:18-20.

TEMOR DEL SEÑOR

Proverbios 1:7. *El temor del* SEÑOR *es la base del verdadero conocimiento, pero los necios desprecian la sabiduría y la disciplina.*

Filipenses 2:12-13. *Queridos amigos, siempre siguieron mis instrucciones cuando estaba con ustedes; y ahora que estoy lejos, es aún más importante que lo hagan. Esfuércense por demostrar los resultados de su salvación obedeciendo a Dios con profunda reverencia y temor. Pues Dios trabaja en ustedes y les da el deseo y el poder para que hagan lo que a él le agrada.*

¿Debemos temer hoy al Señor? ¿O es seguro pecar ahora que estamos bajo la gracia?

En la actualidad, algunos cristianos le dirán que en realidad no debemos temer al Señor porque Jesús soportó la ira de Dios en nuestro lugar. Puesto que el juicio que debía caer sobre nosotros cayó sobre Él, ellos dirían que es seguro pecar. Incluso aseveran que en tiempos del Antiguo Testamento el temor de Dios era un mandato y algo apropiado, pero en esta era, a este lado de la cruz, nos relacionamos con Dios únicamente en amor, no temor. De hecho, la impresión que dan es que si un cristiano teme a Dios es porque no entiende realmente el evangelio, el cual nos ha liberado de la condenación de la ley. Amar a Dios, sí. Temerle, no.

Pero ¿es cierto que el temor de Dios no es más que una enseñanza o un concepto del Antiguo Testamento que desapareció con la venida de Cristo? La respuesta contundente es no. El temor del Señor es un mandato que se repite en el Nuevo Testamento. Por ejemplo, leemos que la iglesia primitiva «se fortalecía y los creyentes vivían en el temor del Señor» (Hch. 9:31). Pedro dijo que debemos vivir nuestras vidas ante Dios con «reverente temor» (1 P. 1:17). La santidad de Dios exige nuestro temor.

Algunas veces los maestros de la Biblia suavizan esta clara enseñanza afirmando que la palabra *temor* en realidad alude a reverencia, no a temor. Pero no hay razón para creer que los escritores del Nuevo Testamento aludieran únicamente a la reverencia a Dios, si bien es algo que se espera de los creyentes. En el Nuevo Testamento, la palabra *temor* tiene el mismo significado que las diferentes palabras usadas para dicho término en el Antiguo Testamento. El significado es «tener miedo de». Sí. Se espera de nosotros que como cristianos tengamos miedo de Dios. Pero, como veremos, es un tipo específico de miedo.

¿Por qué debemos temer a Dios? Primero, porque todo pecado tiene consecuencias, incluso para aquellos que son creyentes. Por eso Pablo nos ordena: «Esfuércense por demostrar los resultados de su salvación obedeciendo a Dios con profunda reverencia y temor» (Fil. 2:12). Con frecuencia entonamos el himno «El Calvario cubre todo»,[16] y por supuesto es verdad que en Cristo nuestro pecado ha sido cancelado legalmente. Sin embargo, a nivel de relaciones, Dios disciplina a sus hijos desobedientes. Pregúnteles nada más a Ananías y a Safira, cuya mentira les costó la vida (Hch. 5:1-10). Incluso hoy, las consecuencias de nuestro pecado dan como resultado relaciones dañadas, vicios, sufrimiento, y una vida desperdiciada. Todo pecado, incluso nuestro pecado como cristianos, supone algún tipo de juicio inmediato. Por desgracia, muchos confundimos la paciencia de Dios con su tolerancia. «Cuando no se castiga enseguida un delito, la gente siente que no hay peligro en cometer maldades» (Ec. 8:11).

En segundo lugar, debemos temer a Dios porque sabemos que nuestro pecado le desagrada. Si amamos a Dios, no queremos contrariarle. Y cuando le ofendemos, y contristamos al Espíritu Santo, debemos temer que nuestro amor por el pecado sea mayor que nuestro amor por Dios. Y cuando perdemos nuestro miedo a pecar, nos volvemos esclavos del pecado, y las consecuencias están fuera de nuestro control.

Por supuesto, hay una clase equivocada de temor de Dios. Incluso en el Antiguo Testamento hay un tipo de temor que aleja a las personas de Dios. Pero hay otro tipo de temor que nos acerca a Él. Cuando Dios apareció en el monte Sinaí, el pueblo de Israel estaba tan aterrorizado que Moisés hizo la siguiente declaración: «¡No tengan miedo! … porque Dios ha venido de esta manera para ponerlos a prueba y para que su temor hacia él les impida pecar» (Éx. 20:20). Note bien lo siguiente: por un lado, el pueblo no debía tener miedo pero, por el otro, Dios tenía que revelarse de tal modo que le temieran y guardaran sus mandamientos.

¿Cómo se explica esta aparente contradicción? Dios quería decir: «No me teman como lo hacen los esclavos, sino témanme como hijos». El miedo de un esclavo lo lleva a encogerse en presencia de su amo. Esa no es la clase de temor que debemos tener hacia Dios. El «temor de hijo» es algo diferente, ya que motiva a buscar y agradar a Dios.[17] Moisés, que temía a Dios como un hijo, subió directo al monte Sinaí para una búsqueda más profunda de Dios. Una comprensión adecuada del temor del Señor nos motiva a la santidad (2 Co. 7:1). Jesús mismo se deleitó en el temor del Señor (Is. 11:2-3). De manera que hay una clase equivocada de temor, y una clase de temor que es correcta y apropiada.

En un sentido, como hijos temíamos a nuestros padres.

Conforme crecíamos, nos dábamos cuenta de que nuestra desobediencia los contrariaba. Nunca tuvimos miedo de que nuestros padres nos repudiaran, sino de entristecerlos. Sucede lo mismo con nuestro Padre celestial. El temor del Señor es el principio de la sabiduría porque los que tememos al Señor seremos obedientes a su voluntad y no desearemos enfadar a Aquel que envió a su Hijo amado para redimirnos. De hecho, no es posible amar verdaderamente a Dios a menos que también le temamos.

Si tememos a Dios, no necesitamos temer a casi nada. Cuando tememos a Dios como es debido, nuestros temores más pequeños desaparecen. Si tememos al Señor, estaremos convencidos de que la opinión de Dios acerca de nosotros es la única que realmente importa. Sinclair Ferguson escribe: «Para alguien que teme a Dios, su aprobación paterna significa todo, y la pérdida de ella constituye la más profunda pena. Temer a Dios es tener un corazón que es sensible tanto a su deidad como a su gracia».[18]

Invite a Dios a examinar todas las areas de su corazón. Decídase, con la ayuda de Dios, a buscar el temor del Señor, porque lleva a la bendición presente y eterna. Y si no tiene temor de Dios, pregúntese el porqué de una actitud tan despreocupada hacia el Dios que creó el universo y lo escogió para ser su hijo antes de la fundación del mundo. Confiese su falta de entendimiento de los caminos de Dios y búsquelo con un corazón sincero.

Reflexión y cambio personal

1. ¿Qué significa temer al Señor?
2. Debemos temer a Dios porque nuestros pecados pueden conllevar un juicio inmediato. Piense en el mensaje de Eclesiastés 8:11. ¿Cuál es la diferencia entre la *paciencia* de Dios y la *tolerancia* de Dios?

3. Cuando pecamos, agraviamos a Dios. ¿Cuáles son algunas consecuencias posibles de enfadarlo?
4. Lea Éxodo 20:20. ¿Qué enseña este versículo?
5. ¿Cuál es el mensaje central de 2 Corintios 7:1? ¿Cuál es el temor de hijo? ¿De qué manera manifestaron, tanto Moisés como Jesús, temor de hijo?
6. Versículos adicionales para memorizar: Salmos 25:12-14; 66:16-20.

TENTACIÓN

1 Corintios 10:13. *Las tentaciones que enfrentan en su vida no son distintas de las que otros atraviesan. Y Dios es fiel; no permitirá que la tentación sea mayor de lo que puedan soportar. Cuando sean tentados, él les mostrará una salida, para que puedan resistir.*

Santiago 1:13-15. *Cuando sean tentados, acuérdense de no decir: «Dios me está tentando». Dios nunca es tentado a hacer el mal y jamás tienta a nadie. La tentación viene de nuestros propios deseos, los cuales nos seducen y nos arrastran. De esos deseos nacen los actos pecaminosos, y el pecado, cuando se deja crecer, da a luz la muerte.*

Podría definirse la tentación como el deseo de satisfacer una necesidad legítima de manera ilegítima o pecaminosa. Las tentaciones toman muchas formas: falta de honradez por afán de lucro, apremio de venganza motivada por el enojo o alimentada por el deseo del desquite, una mentira para dar una buena impresión. Algunas personas son motivadas por su ego para lucirse en aras de la fama y el reconocimiento. Las concupiscencias de la carne incluyen inmoralidad, adicciones (al sexo, las sustancias, la pornografía, el juego), codicia, orgullo, etcétera. Y, como lanzar un trozo de carne a un tigre hambriento, cuanto más se alimentan esos apetitos, más fuertes se vuelven, hambrientos de más.

A Satanás no le interesa tanto cuáles pecados sean nuestra debilidad. Su propósito principal es separarnos de la comunión con nuestro Padre celestial. Él odia el hecho de que haya personas que en verdad amen tanto a Dios que estén dispuestas a decir no a sus señuelos por salvaguardar la comunión con Él y su bendición. Cuando surge la tentación, Dios quiere sacar de nosotros lo mejor, mientras que Satanás quiere sacar lo peor. Y cuando cedemos a la tentación, el resultado es remordimiento, pesadumbre, y la disciplina de Dios. Por el contrario, cuando decimos *no* a los apetitos que nos conducen a pecar, glorificamos a Dios. Pero la única forma de poder vencer la tentación es desarrollar una pasión por Cristo que sea mayor que nuestra pasión por el pecado.

Entonces, ¿cómo podemos decir no a la tentación?

Primero, siempre que sea posible, debemos apartarnos del camino de la tentación. Cuando Pablo escribió a su hijo adoptivo Timoteo, dijo: «Huye de todas esas maldades. Persigue la justicia y la vida sujeta a Dios, junto con la fe, el amor, la perseverancia y la amabilidad. Pelea la buena batalla por la fe verdadera» (1 Ti. 6:11-12). Pablo quiso decir: «Apártate del ambiente que te inclina a pecar, y busca más bien agradar a Dios como tu máxima prioridad». Jesús lo expresó en términos incluso más fuertes, al decir que si nuestro ojo es causa de tropiezo, esto es lo que nos ordena hacer: «sácatelo y tíralo» (Mt. 5:29).

Por supuesto, Jesús no lo decía en sentido literal, sino que más bien debemos hacer todo lo que sea necesario para cuidarnos de los malos deseos de los ojos. Nuestro problema es que, para ser sinceros, a menudo *queremos* ser tentados e incluso *planeamos* ser tentados. A veces simplemente necesitamos actuar drásticamente y apartarnos del lugar donde sabemos que seremos tentados. Pablo lo expresó así: «Más bien, vístanse con la presencia del Señor Jesucristo. Y no se permitan pensar en formas de complacer los malos deseos» (Ro. 13:14).

Incluso renunciar a un trabajo que nos acerca a la

tentación no es un precio demasiado alto para preservar la obediencia a Cristo. Yo (Erwin) hablaba con un hombre casado que estaba enamorándose de una mujer en el trabajo, y le dije que debía renunciar a su cargo en lugar de poner en riesgo su matrimonio. Él contestó: «¡Pero tengo que ganarme la vida!». Por desdicha, no atendió mi consejo, y ya podrá imaginarse lo que sucedió. Él conservó su empleo, pero destruyó su matrimonio, un pésimo negocio, por cierto. Claro que tenemos que ganarnos la vida, pero sería mejor pasar hambre que caer en una relación inmoral. Siempre que sea posible, debemos correr, no caminar, lejos de las tentaciones que andan al acecho.

Segundo, y más importante, debemos ver a Jesús como quien ha ganado una victoria a nuestro favor. Su muerte en la cruz no significó solamente que Satanás fue vencido oficialmente, sino también que los que creemos en Cristo ya no somos sus esclavos. Ahora tenemos un nuevo dueño. Alguna vez pertenecimos al reino de las tinieblas, esclavizados por nuestros pecados, pero ahora pertenecemos a Jesús. En otras palabras, tenemos un nuevo Amo. Sin importar cuán abrumadora parezca la tentación, hay una vía de escape, si tan solo estamos dispuestos a tomarla (1 Co. 10:13). De igual importancia es que debemos estar dispuestos a librarnos del apremio constante por satisfacer nuestros deseos.

Tercero, debemos seguir el ejemplo de Jesús, el cual conocía los pasajes de las Escrituras que le ayudaron a luchar exitosamente contra Satanás. Debemos memorizar con anticipación versículos que nos permitan confrontar las tentaciones específicas que sabemos que encontraremos. Algunos versículos sirven para cualquier tentación. Por ejemplo, un versículo que usamos con frecuencia es 1 Pedro 1:15-16: «Sean santos en todo lo que hagan, tal como Dios, quien los eligió, es santo. Pues las Escrituras dicen: "Sean santos, porque yo soy santo"».

Por último, es indispensable la comunión con otros cristianos. Confesar nuestra necesidad en presencia de aquellos en quienes confiamos y pedir su apoyo en oración es en muchas ocasiones el camino a la liberación. Yo (Erwin) he dicho a los hombres que luchan con la pornografía que pueden caer solos en ese foso, pero que solos no pueden salir de él. No podemos vivir nuestra vida cristiana aislados de otros creyentes. Una clave para vencer la tentación son las oraciones, el aliento de otras personas, y la rendición de cuentas ante los miembros del cuerpo de Cristo.

Hay una vieja historia acerca de un indio que describió el combate dentro de su corazón como dos perros peleando uno contra el otro.

—Hay un perro bravo y negro que pelea desde las sombras, y un perro bueno que pelea en la luz.

—¿Y cuál gana? —le preguntaron.

—El que más he alimentado.

Cuando hacemos un esfuerzo genuino por vencer la tentación, demostramos que amamos a Dios más de lo que amamos nuestro pecado.

Reflexión y cambio personal

1. Defina la *tentación*. ¿Qué formas puede tomar la tentación?
2. ¿Cuál es el objetivo de Satanás con la tentación? ¿Qué sucede cuando cedemos a sus tentaciones y ayudamos a cumplir su propósito? ¿Qué sucede cuando decimos no a la tentación?
3. Lea 1 Timoteo 6:11-12 y Romanos 13:14. ¿Qué paso

sugiere Romanos 13:14 que tomemos para vencer la tentación?

4. ¿Qué confianza nos da la muerte de Cristo en la cruz para vencer la tentación? ¿Existe una tentación tan abrumadora que no haya vía de escape? ¿Qué apariencia puede tener una vía de escape?
5. Observe que Jesús respondió a las tentaciones con las Escrituras. ¿Con cuánta eficacia puede resistir usted al diablo cuando memoriza las Escrituras, antes de ser tentado? ¿Qué plan sigue usted para memorizar y atesorar la Palabra de Dios en su corazón? ¿En qué puede mejorar?
6. Versículos adicionales para memorizar: Salmo 71:1-2; 1 Tesalonicenses 4:3-4.

TESTIFICAR

Mateo 5:14, 16. *Ustedes son la luz del mundo… dejen que sus buenas acciones brillen a la vista de todos, para que todos alaben a su Padre celestial.*

1 Pedro 3:15. *En cambio, adoren a Cristo como el Señor de su vida. Si alguien les pregunta acerca de la esperanza cristiana que tienen, estén siempre preparados para dar una explicación.*

Vivimos en una época de gran interés en lo que se conoce como espiritualidad sin una creencia en doctrinas específicas. Las personas intentan conectarse con algo o con alguien superior a ellas mismas, pero son escépticas con respecto a una solución que los lleve a reconocer su pecado y a volverse a Dios en arrepentimiento y humildad. Independientemente de si lo merecemos o no, los cristianos somos considerados como intolerantes, críticos, y un obstáculo para el progreso. El Jesús del sermón del monte goza de buena reputación, pero el Jesús de la cruz y la resurrección se niega e ignora.

¿Cómo dejar brillar nuestra luz en un mundo que está cómodo en su oscuridad moral y espiritual? Creemos profundamente que tenemos una gran oportunidad para transformar nuestra cultura y, más importante aún, para cambiar la dirección espiritual de aquellos que están en nuestra esfera de influencia. Tenemos el privilegio de vivir en una época en la que millones de personas buscan un camino en medio de una ventisca de opciones religiosas. Si somos sensibles a las necesidades humanas, pronto nos daremos cuenta de que muchas personas están en busca de plenitud, y esto puede conducirnos al privilegio de ayudarles en su caminar espiritual.

Nuestro desafío presente es parecido al de los primeros cristianos que vivían en una cultura impulsada por un compromiso apasionado con la espiritualidad. La adoración al emperador, y a un sinnúmero de dioses y diosas predominaba en la cultura y el pensamiento romanos. Los paganos estaban dispuestos a añadir a Jesús a la larga lista de dioses que las personas podían adorar. Pero lo que no podían tolerar era la idea de que hay un solo Dios verdadero que declara a todos sus rivales ídolos despreciables. En otras palabras, los paganos aprobaban que Jesús fuera un dios, pero les ofendía la enseñanza cristiana de Jesús como Rey de reyes y Señor de señores.

¿Cómo testificar hoy día a personas que tienen la misma mentalidad?

Primero, las personas deben poder ver la luz. Debemos evitar ser odiosos, pero al mismo tiempo evitar quedarnos callados. Hemos descubierto que la mejor manera de dar a conocer nuestra fe es haciendo preguntas para descubrir dónde está la otra persona en su búsqueda espiritual. Hacemos lo posible por entablar una conversación, y dedicamos el tiempo necesario a escuchar lo que otros piensan acerca de Dios, de la religión y de Jesús en particular.

¿Cómo hacemos esto? Estas son algunas preguntas que hemos usado para iniciar o continuar una conversación espiritual:

- ¿Dónde está en su búsqueda espiritual?
- ¿Qué piensa acerca de Jesús?
- ¿Cuánto le ha interesado la Biblia?
- ¿Cuál es su concepto acerca de Dios?
- ¿Cuál ha sido su experiencia, si la ha tenido, con el cristianismo?

- ¿Le molestaría si yo le contara algo que alguien me ha contado antes y que cambió mi vida?
- Me gustaría orar por usted. ¿Hay algo por lo cual le gustaría que orara en las próximas dos semanas?

Si mira los Evangelios, notará que Jesús sostenía diálogos con las personas en torno a Él por medio de preguntas. Un paso más adelante que hemos tomado es dar a un amigo o colega un libro para leer, y le decimos: «Creo que te gustará leer esto. ¿Podríamos volver a vernos en unas semanas para conversar al respecto?». El libro en sí puede estar o no centrado en el evangelio, pero la intención inicial es propiciar el diálogo. Otros libros pueden venir más adelante.

También debemos aprender, de la mejor manera posible, a defender lo que creemos. Muchos cristianos se sienten intimidados para expresar su fe porque piensan que necesitan conocer todas las respuestas antes de iniciar una conversación. Sin embargo, dado el clima religioso actual, es más importante saber escuchar que hablar. Las personas quieren ser escuchadas. Y escuchar lo que dicen y sienten es el primer paso para crear un puente que conduzca a sus corazones.

¿Y qué debe hacer si encuentra hostilidad? Hágase amigo de la persona y pregúntele qué le desagrada o decepciona del cristianismo. Muchas personas tienen, en términos humanos, buenas razones para vernos con escepticismo y desconfianza. Una amistad verdadera sigue siendo el mejor medio para evangelizar. Una razón por la cual fue tan exitosa la iglesia primitiva es que practicaron el arte de la hospitalidad. Su amabilidad ganó al mundo.

Por último, y quizás lo más importante, es que nosotros mismos debemos vivir en la luz. Piense en cuán vacío es nuestro testimonio cuando no vivimos de manera auténtica, es decir, vivir con el corazón de un siervo, y vivir con integridad. Observe que Jesús dijo que aquellos que viven en tinieblas deben ver nuestras buenas obras y glorificar al Padre que está en el cielo. Las buenas obras dan, quizá, mayor credibilidad que las buenas palabras.

También debemos recordar que solamente Dios puede abrir el corazón humano y conducir a los pecadores a Él. Nuestra responsabilidad es comunicar el mensaje, y la de Dios proveer la capacidad para responder al conocimiento que ha sido impartido. Así lo expresó Jesús: «Pues nadie puede venir a mí a menos que me lo traiga el Padre, que me envió, y yo lo resucitaré en el día final» (Jn. 6:44).

Dios no nos pedirá cuentas si la gente no cree en el evangelio, pero nos hace responsables de comunicarlo a otros. Nuestra responsabilidad es sembrar la semilla, y la suya preparar el suelo del corazón humano para recibirla. Solo Él puede conceder la fe necesaria para creer en el evangelio.

¡Lo que realmente se necesita hoy es el testimonio valiente y amoroso de nuestra fe!

Reflexión y cambio personal

1. Compare lo que se conoce comúnmente hoy como «espiritualidad popular» con la verdadera espiritualidad bíblica. ¿En qué se basa cada una? ¿Por qué podría la gente interesarse más en la espiritualidad popular?
2. ¿Cómo podemos influir en un mundo perdido que se siente demasiado cómodo en sus tinieblas espirituales? ¿De qué forma podemos llamar la atención de una cultura que, por regla general, no respeta el mensaje del evangelio?

3. Una forma de entablar una conversación con el perdido es hacerle preguntas sobre su vida espiritual. Revise las preguntas citadas en el capítulo. ¿Cuáles son otras preguntas que puede usar en sus conversaciones de testimonio?
4. Otro aspecto clave de testificar a los perdidos es ser capaz de defender sus creencias cristianas. ¿Está capacitado para dar razón de su fe? ¿Cuáles son algunos de sus argumentos?
5. Es vital que el perdido pueda ver el verdadero cristianismo en acción, ya que sirve como testimonio vivo en medio de una cultura entenebrecida. ¿Qué sucede cuando hacemos brillar nuestra luz en la oscuridad?
6. Versículos adicionales para memorizar: Mateo 28:19-20; 2 Timoteo 4:2.

TRISTEZA

1 Tesalonicenses 4:13. *Y ahora, amados hermanos, queremos que sepan lo que sucederá con los creyentes que han muerto, para que no se entristezcan como los que no tienen esperanza.*

Hay una tristeza buena y una mala. La tristeza mala paraliza a quienes la experimentan y los abate a un estado de desesperanza y desesperación interminable. Para estos, la tristeza no es una transición, sino un destino. Por el contrario, la tristeza buena nos capacita para avanzar en nuestro viaje a pesar de que suframos un dolor o pérdida indecibles. O para decirlo de otra manera: la tristeza mala se queda en un túnel sin luz, mientras que la buena está en un túnel pero ve la luz, o al menos cree que la luz existe.

Una mujer que acababa de enviudar y que había estado muy enamorada de su esposo vino a buscarme (Erwin) y me confesó que había considerado el suicidio como una forma de reunirse con él. Ella no soportaba la idea de vivir con la soledad y el profundo anhelo de estar con él. Un ataque cardiaco inesperado había acabado cruelmente con su amorosa relación. Le dije que ella solo tenía una responsabilidad, y era levantarse en la mañana y sobrevivir el día, y luego repetir el proceso una y otra vez durante un año. Le dije que no podía aislarse en su propio capullo, sino que tenía que seguir con su trabajo y conectarse con otras personas, sin importar cuán difícil fuera para ella hacerlo. Le prometí que aunque quizá nunca llegaría a superar la muerte de su esposo, «algún día el sol brillaría de nuevo». Han pasado años y, en efecto, me dice que tenía razón: el sol vuelve a brillar. A todos los que están abrumados por la tristeza debemos decir: «La vida siempre valdrá la pena. Todavía hay motivo para tener esperanza».

Hemos conocido viudas que no han querido seguir adelante ni siquiera después de varios años de tristeza. Les faltaba el deseo de volver a integrarse a una vida significativa e incluso sentían que hacerlo era una falta de respeto a la memoria de sus esposos. Hasta nuestros mismos sentimientos pueden volverse un ídolo cuando insistimos en no entregarlos a Dios por nuestro bien y por el bien de los que nos rodean. Está mal que adoremos la vida que hemos tenido en el pasado. Jan Glidewell tenía razón: «Es posible aferrarse al pasado con tal fuerza que los brazos estén demasiado ocupados para abrazar el presente».[19]

¿Por qué algunas personas se aferran a relaciones pasadas de manera malsana?

Primero, porque hay culpa. Conocimos a una viuda que visitó diariamente la tumba de su esposo durante 14 años, y le hablaba a su marido (aunque como cristiana sabía que no la oía) para pedirle perdón por insistir que fueran juntos a un concierto. Él no quería ir esa noche, pero ella insistió, y en el camino tuvieron un grave accidente en el que él pereció. Ella no podía superar el sentimiento de culpa por su muerte, a pesar de que ella le amaba y no buscó su muerte. Por supuesto, esta es una falsa culpa. Pero este dolor equivocado la condujo a una tristeza que la paralizó y le impidió seguir adelante con su vida. Su relación pasada marcó su vida y no pudo abrazar el presente.

En segundo lugar, está la autocompasión, aquella que nos hace sentir que hemos sido tratados injustamente por una pérdida, mientras que otros más dignos de esa suerte fueron exentos. Este sentimiento de pérdida inmerecida puede volverse tan abrumadora que anula toda esperanza. Se pierde todo deseo o idea de una transición a una vida diferente. Con frecuencia, esto viene acompañado de amargura y enojo, porque la tragedia parece muy injusta.

Todos podemos tener un apego idolátrico al pasado que sustituye la fe en Dios y cambia los recuerdos de lo que alguna vez fue. Estos recuerdos pueden transformarse en una obsesión y, si se mezclan con falsa culpa, nos pueden mantener en una parálisis emocional.

He aquí algunas observaciones útiles de John Piper:

> *El deleite se vuelve un ídolo cuando perderlo significa el final de nuestra confianza en la bondad de Dios.* Puede haber tristeza frente a la pérdida sin que se vuelva algo idolátrico. Pero cuando la tristeza amenaza nuestra confianza en Dios, es la señal de que aquello que se perdió se ha convertido en un ídolo.
>
> *El deleite se vuelve idolátrico cuando su pérdida nos paraliza emocionalmente de modo que no podemos relacionarnos amorosamente con otras personas.* Este es el efecto horizontal de haber perdido la confianza en Dios. También en este caso, una gran tristeza no es señal inequívoca de idolatría. Jesús sintió una gran tristeza. Pero cuando el deseo es negado, y el efecto es la incapacidad emocional de hacer lo que Dios nos llama hacer, se enciende la alarma de la idolatría.[20]

Pablo dice que podemos entristecernos pero no perder la esperanza. Jesús lloró en el sepulcro de Lázaro, y también lloró por la ciudad de Jerusalén. Tenemos motivos suficientes para estar tristes cuando experimentamos una pérdida, ya sea la de un amigo o una oportunidad anhelada. De hecho, aquellos que no se entristecen adecuadamente están desconectados de sus emociones, y quizás incluso abrigan un desprecio insensible hacia sí mismos y hacia los demás.

Una tristeza constructiva nos ayuda en la transición desde donde estamos ahora hacia donde deberíamos estar.

Reflexión y cambio personal

1. Compare la tristeza «buena» con la «mala». ¿Cuáles son los resultados de ambos tipos de tristeza?
2. Todos hemos experimentao (o experimentaremos) tristeza debido a la pérdida de un ser querido. ¿Cómo ha manejado la tristeza? ¿Pudo encauzar sus emociones de manera positiva para animar a otros?
3. ¿De qué forma la culpa nos impide dejar atrás una relación pasada y avanzar? ¿Por qué la denominamos una falsa culpa?
4. Otro obstáculo para superar relaciones pasadas es la autocompasión. ¿De qué manera nos debilita?
5. El apego idolátrico al pasado que toma el lugar de la fe en Dios puede paralizarnos. Lea de nuevo las observaciones de John Piper extraídas de su libro *Discerning Idolatry in Desire* [Cómo discernir la idolatría en el deseo]. ¿Qué lecciones podemos aprender aquí?
6. Versículos adicionales para memorizar: Job 23:10; Romanos 8:26-28.

VALOR

Josué 1:7-8. *Sé fuerte y muy valiente. Ten cuidado de obedecer todas las instrucciones que Moisés te dio. No te desvíes de ellas ni a la derecha ni a la izquierda. Entonces te irá bien en todo lo que hagas. Estudia constantemente este libro de instrucción. Medita en él de día y de noche para asegurarte de obedecer todo lo que allí está escrito. Sólo entonces prosperarás y te irá bien en todo lo que hagas.*

Cuando Dios mandó a Josué que fuera «muy valiente», se alistaba para guiar a sus tropas en una gran batalla. Podrá imaginarse el miedo y la ansiedad que siente cualquier capitán militar la víspera del conflicto, cuando es consciente de la posibilidad de perder a algunos de sus hombres, e incluso, que la guerra se vuelva en su contra. En otras palabras, la posibilidad de perder. Moisés había muerto, y el joven Josué tenía que enfrentar por él mismo la realidad de la imponente ciudad de Jericó. Este mandato a ser valiente iba acompañado de una promesa: «el SEÑOR tu Dios está contigo dondequiera que vayas» (Jos. 1:9). En otras palabras, la valentía no estaba en él, sino en mirar más allá de sí mismo, en depender de la ayuda de su propio Capitán invisible.

Los creyentes nunca tenemos que enfrentar solos las duras realidades de la vida. Esta es la promesa personal de Dios para nosotros: «Nunca te fallaré. Jamás te abandonaré» (He. 13:5). Dios camina con nosotros en días buenos y malos, cuando recibimos un ascenso y cuando somos despedidos. Cuando estamos desconsolados, o cuando enfrentamos una enfermedad terminal, Dios está ahí con nosotros.

A decir verdad, una cosa es conocer estas promesas y otra muy distinta ser consolados por ellas. Hay un par de razones por las cuales somos tentados a carecer de valor, a pesar de que el Señor esté con nosotros. La primera es porque sabemos que la promesa de la presencia de Dios no garantiza que estaremos exentos de dificultades. A lo largo de la historia, los cristianos han sufrido pobreza, soledad, la pérdida de seres queridos y toda crisis imaginable. Precisamente hace poco supimos de una madre que murió de cáncer y dejó tres huérfanos. Sí, Dios está con ella, pero su presencia no trajo sanidad ni liberación. Sus hijos están confundidos porque tienen miedo del futuro.

Otra razón por la cual somos tentados a carecer de valor es que la seguridad de la presencia de Dios no elimina nuestras luchas personales con el pecado, las relaciones rotas y los remordimientos. Todos vivimos esa clase de decepciones. Nos debe animar pensar en Jesús, cuya confianza en el Padre nunca flaqueó, ni se encogió en su oración en Getsemaní cuando preveía el horror que le esperaba.

Entonces, ¿cómo aplicamos estas promesas a pesar de que no tengamos garantía de librarnos de aquello que tememos? La respuesta tiene dos lados: primero, sabemos que Dios puede incluso tomar las cosas malas de nuestra vida y convertirlas en algo para nuestro bien. Estamos seguros que Él tiene un propósito con nuestras pruebas, el cual excede la comprensión humana. Sí, Él tiene propósitos más elevados que apenas logramos vislumbrar en esta vida. Así pues, cuando no somos librados de aquello que tememos, necesitamos recordar que Dios lo permite para nuestro bien y para su gloria.

Segundo, tenemos la certeza de que ni siquiera nuestras dudas y penas pueden separarnos del amor y el cuidado de Dios. En nuestros momentos de debilidad Dios permanece a nuestro lado, recorre nuestro desierto, dirige, provee, y consuela. Hasta cuando nos falta fe, Dios es fiel. Debemos recordar que vivimos por promesas, no por explicaciones.

La noche en que Josué iba a atacar Jericó, recibió una visión, tuvo una aparición divina mientras caminaba alrededor de Jericó para pensar y planear cómo conquistar la ciudad. Un hombre apareció en la oscuridad (tenemos motivos para creer que esta fue una visitación de Cristo previa a su encarnación).

Josué estaba aterrorizado, y por eso, creyendo que el hombre podría ser un enemigo del ejército de Jericó, preguntó: «¿Eres amigo o enemigo?» Y la respuesta fue: «Ninguno de los dos… Soy el comandante del ejército del SEÑOR» (Jos. 5:13-14).

En efecto, era el Señor que decía: «No he venido a tomar partido. ¡He venido a tomar el mando!». Y esta es, en última instancia, la respuesta para aquellos que carecen de valor: Jesús no está con nosotros simplemente para ayudarnos; en cambio, está más que listo para pelear por nosotros, si tan solo confiamos en Él y le permitimos tomar el mando.

En el epitafio que hay en la tumba de Lord Lawrence, en la abadía de Westminster, están las fechas de su nacimiento y de su muerte, junto con una inscripción que incluye la siguiente declaración:

> Temió tan poco a los hombres,
> porque temió tanto a Dios.

Así es. Si tememos a Dios no necesitamos temer nada más.

Con una confianza semejante a la de Josué, podemos afrontar con valor la noche incierta.

Reflexión y cambio personal

1. En medio de gran peligro, Josué permaneció firme, basándose en lo que Dios le había dicho. Hoy día, los

creyentes pueden abrazar la Palabra de Dios escrita. Cite algunas promesas de la Palabra de Dios que le hayan fortalecido en medio de sus circunstancias presentes.

2. «Nunca te fallaré. Jamás te abandonaré» (He. 13:5) es una de las grandes promesas de las Escrituras. ¿De qué maneras puede aplicar con eficacia las verdades de esta promesa a su vida de fe?
3. ¿Qué razones pueden tentar a los cristianos a carecer del valor para perseverar, a pesar de saber que Dios está con nosotros? ¿De qué manera puede resolver estos temores cuando los enfrente?
4. ¿Cómo podemos reconciliar la verdad de la presencia de Dios en nuestras vidas con la realidad de que como cristianos podemos experimentar pobreza, soledad, la pérdida de seres queridos y otras tragedias?
5. Medite en la declaración: «Vivimos por promesas, no por explicaciones». ¿Qué impacto debería tener esto en la manera de percibir nuestras vicisitudes?
6. Versículos adicionales para memorizar: Salmos 27:13-14; 33:18-22; Hebreos 13:20-21.

VIDA ETERNA

Juan 10:10. *El propósito del ladrón es robar y matar y destruir; mi propósito es darles una vida plena y abundante.*

Juan 17:3. *Y la manera de tener vida eterna es conocerte a ti, el único Dios verdadero, y a Jesucristo, a quien tú enviaste a la tierra.*

1 Juan 5:11-12. *Y este es el testimonio que Dios ha dado: él nos dio vida eterna, y esa vida está en su Hijo. El que tiene al Hijo tiene la vida; el que no tiene al Hijo de Dios no tiene la vida.*

Para el cristiano, la vida eterna no comienza en la eternidad. La vida eterna es nuestra posesión presente. En otras palabras, empieza en el momento en que depositamos nuestra confianza en Cristo y lo recibimos como nuestro Salvador personal. La vida eterna es una calidad de vida que nos pertenece y que podemos disfrutar ahora mismo. Podría describirse como la relación duradera que tenemos con Cristo, lo cual explica por qué Jesús la definió como una relación íntima con su Padre. Esta relación la establece el Espíritu Santo en el momento que nacemos de nuevo o recibimos la vida de Dios.

La vida eterna no debe confundirse con la existencia eterna. Los incrédulos van a existir eternamente en cuerpos destinados al lago de fuego, pero nunca se dice que tengan vida eterna. En esta vida, los incrédulos son considerados como vivos físicamente pero espiritualmente «muertos a causa de su desobediencia y sus muchos pecados» (Ef. 2:1).

En cambio, la vida eterna se refiere a la calidad de vida que solo pueden gozar aquellos que han conocido al Padre mediante la fe en Cristo.

Cuando confiamos en Cristo como nuestro Salvador, recibimos la vida eterna y somos trasladados del reino de las tinieblas al reino de la luz. Nos volvemos una persona nueva, y «la vida antigua ha pasado, ¡una nueva vida ha comenzado!» (2 Co. 5:17). Por lo tanto, hay algo dentro de nosotros que Dios crea cuando creemos en el evangelio, hay una nueva naturaleza en nuestro interior que no estaba antes. Espiritualmente somos levantados de los muertos y recibimos vida junto con Cristo.

¿Cuáles son los resultados prácticos de este don de la vida eterna? En el presente nos motiva a vivir diferente, «pues somos la obra maestra de Dios. Él nos creó de nuevo en Cristo Jesús, a fin de que hagamos las cosas buenas» (Ef. 2:10). Dios hace nacer en nosotros un amor por Él y un deseo por hacer su voluntad.

Más importante aún, ahora podemos tener la seguridad de la presencia de Cristo mientras estamos aquí en la tierra. Podemos decir, con toda humildad, que hemos llegado a conocer al Padre y que disfrutamos de comunión con Él. Su relación con nosotros es de amor y cuidado. Cuando ya hemos sido aceptados por Él, seremos sus hijos por toda la eternidad.

Ahora que tenemos vida eterna, debemos aprender a disfrutarla. El apóstol Juan escribió: «Dios es luz y en él no hay nada de oscuridad. Por lo tanto, mentimos si afirmamos que tenemos comunión con Dios pero seguimos viviendo en oscuridad espiritual; no estamos practicando la verdad. Si vivimos en la luz, así como Dios está en la luz, entonces tenemos comunión unos con otros, y la sangre de Jesús, su Hijo, nos limpia de todo pecado» (1 Jn. 1:5-7). Nuestra tarea más urgente como creyentes es desarrollar cada día una relación más íntima con el Padre. Como dijo Jesús, la vida eterna significa que conocemos al Padre.

Mientras el predicador británico F. B. Meyer (1847-1929) viajaba en un tren, una mujer ansiosa y enfadada lo reconoció y le contó acerca de sus aflicciones.

> Durante años ella había cuidado a una hija minusválida que le había traído mucha alegría a su vida. Ella le preparaba té cada mañana antes de salir a trabajar, porque sabía que su hija estaría en casa para su llegada en la noche. Pero la hija murió, y la afligida madre estaba sola y desdichada. La casa ya no era más «un hogar».
>
> Este fue el consejo que le dio el doctor Meyer: «Cuando llegue a casa e inserte la llave en la cerradura, diga en voz alta: "Jesús, ¡yo sé que estás aquí!" y alístese para saludarlo apenas abra la puerta. Y cuando encienda el fuego, cuéntele lo que pasó durante el día. Si alguien fue amable, cuénteselo. Si alguien fue desagradable, cuénteselo, tal como lo hacía con su hija. En la noche extienda su mano hacia la oscuridad y diga: "¡Jesús, yo sé que estás aquí!"».
>
> Algunos meses después, Meyer regresó al vecindario y volvió a encontrarse con la mujer, pero no la reconoció. Su rostro irradiaba gozo en vez de comunicar infelicidad. Ella le dijo: «Seguí su consejo, y todo cambió en mi vida. Ahora siento que conozco a Jesús».[21]

El contacto con el hermoso Pastor embellece nuestras vidas cicatrizadas.

La muerte física no nos priva a los cristianos de esta vida de Dios, sino que nos lleva a una nueva dimensión y comprensión de ella. La vida que Dios infunde hoy en nuestro interior nos llevará a la comunión con Él por toda la eternidad. «El que tiene al Hijo tiene la vida; el que no tiene al Hijo de Dios no tiene la vida» (1 Jn. 5:12).

Todas las personas vivirán para siempre, pero solo aquellas que tienen al Hijo tienen vida eterna.

Reflexión y cambio personal

1. ¿Cómo define la *vida eterna*? ¿Qué se dice en este aparte acerca de la vida eterna?
2. ¿En qué se diferencian la *vida eterna* y la *existencia eterna*?
3. ¿Cómo poseemos la vida eterna? (véase 2 Co. 5:17). Describa la nueva naturaleza que hay en el interior de un creyente. ¿Qué es tan importante acerca de ella?
4. Lea Efesios 2:10. ¿Qué motivaciones provee al cristiano la posibilidad de la vida eterna?
5. ¿Cuál es su perspectiva de la muerte física ahora que conoce más acerca de la vida eterna?
6. Versículos adicionales para memorizar: Romanos 10:9-10.

LA VOLUNTAD DE DIOS

1 Tesalonicenses 4:3-5. *La voluntad de Dios es que sean santos, entonces aléjense de todo pecado sexual. Como resultado cada uno controlará su propio cuerpo y vivirá en santidad y honor, no en pasiones sensuales como viven los paganos, que no conocen a Dios ni sus caminos.*

1 Tesalonicenses 5:16-18. *Estén siempre alegres. Nunca dejen de orar. Sean agradecidos en toda circunstancia, pues esta es la voluntad de Dios para ustedes, los que pertenecen a Cristo Jesús.*

Todo cristiano ha enfrentado este dilema: ¿cómo puedo conocer la voluntad de Dios para mi vida? ¿A cuál universidad debo ir? ¿Con quién me casaré? ¿Qué vocación debo seguir? ¿Dónde viviré? Y la lista de preguntas similares nunca termina.

Para empezar, debemos comprender que Dios se deleita en guiar a sus hijos. No debemos pensar que Dios nos presenta desde el cielo una serie de opciones y luego nos reta a escoger la correcta. La voluntad de Dios no es un misterio envuelto en un enigma.

Más importante aún es el hecho de que la voluntad de Dios es primero y ante todo conocerle a Él y hacer lo que Él nos ha pedido. Y esta es la clave: *si somos obedientes en lo que Dios ha revelado, Él tiene la obligación de guiarnos en asuntos que no ha revelado.* En otras palabras, la voluntad de Dios se presenta primeramente en las Escrituras como un caminar junto a Él. Conocerle es agradarle mediante nuestra devoción interior y obediencia personal. La dirección viene como resultado.

Vuelva a leer los versículos citados. Solo cuando seguimos estos mandamientos estamos preparados para buscar la voluntad de Dios en otros asuntos. Todos tenemos un «disco interno» que ponemos en nuestra mente y que presenta la vida que queremos: un matrimonio feliz, una casa hermosa, el reconocimiento y el lujo, una jubilación anticipada, todo lo cual tiene que ser entregado a Dios. Nuestras ambiciones podrían cancelarse cuando con sinceridad estamos dispuestos a hacer cualquier cosa que Dios pide. No podemos decir: «Dios, dame por favor un anticipo de lo que tienes planeado para mi vida y así podré decidir si me gusta o no».

Cuando usted esté frente a una decisión importante, sopese sus prioridades. Tome una hoja de papel y escriba los pros y los contras, prestando atención especial a la forma en que esta decisión le afectará a usted, a su familia y su realización personal. Un trabajo con mayor salario no es necesariamente el que más le conviene. Muchas personas sacrifican lo que es más importante por lo que es menos importante. De modo que necesita formularse preguntas difíciles, tales como: «¿Qué significa esta decisión para mi salud emocional y espiritual? ¿Cómo afectará a mi familia? ¿Supondrá transigir en mis convicciones personales? ¿Estoy haciendo esto solo para elevar mi estatus, o hay una razón más noble y eterna que me lleva a tomar esta decisión?».

Siempre que le sea posible, busque lo significativo antes que el éxito. D. L. Moody, el fundador de la iglesia en la que servimos, tenía la ambición de convertirse en el vendedor más exitoso de Chicago, pero Dios transformó la manera de pensar de Moody cuando oyó a un grupo de niñas de escuela dominical que oraban por su maestra agonizante. Moody dijo que el dinero nunca volvió a resultarle tentador. Tuvo una visión más amplia, y eso le motivó a trabajar a favor de los niños pobres de Chicago.

Finalmente, se convirtió en uno de los evangelistas más notables del mundo. Por supuesto, no estamos sugiriendo que alguno de nosotros deba intentar seguir sus pasos. Más bien queremos sugerir que es mejor preferir una vida significativa antes que exitosa, escoger aquello que tiene valor eterno.

Con esto en mente, he aquí una promesa que podemos reclamar: «Y que la paz que viene de Cristo gobierne en sus corazones. Pues, como miembros de un mismo cuerpo, ustedes son llamados a vivir en paz. Y sean siempre agradecidos» (Col. 3:15). Esa palabra «gobierne» significa que la paz es como un árbitro que debe regir en nuestros corazones, felicitando o censurando lo que hacemos o nos disponemos a hacer. Al final del día, debemos estar convencidos de que lo que hacemos es lo correcto y está bien, y en armonía con lo que Dios quiere.

La paz de Dios determina el juicio de nuestro estilo de vida y de nuestras decisiones. En ocasiones se presenta lo que llamamos «una alerta en nuestro espíritu», es decir, un presentimiento de que estamos a punto de tomar el mal camino. Debemos prestar atención a este aviso del Espíritu Santo, especialmente si sospechamos que algo no está bien. En todo creyente mora el Espíritu Santo, a quien contristamos cuando pecamos y tomamos caminos equivocados. Por el contrario, cuando obedecemos a Dios, el Espíritu nos comunica paz.

Muchas veces no podemos prever las consecuencias de nuestras decisiones, pero Dios sí puede. Y por esto es tan importante no solo consultar a Dios, sino también tener tal quietud en nuestro interior que una pequeña y suave voz pueda hablarnos cuando estamos a punto de cometer un error. Todos hemos sentido cuando algo nubla una decisión que estamos a punto de tomar. Cuando esto sucede, he aprendido a retroceder y preguntar: ¿Qué estoy pasando por alto en esta decisión? Las mujeres suelen tener un sentido de intuición más agudo que los hombres. Cuando ellas sienten que algo no está bien, los esposos hacemos bien en escuchar y tener en cuenta lo que ellas tienen que decirnos.

Hay, por supuesto, un peligro en depender únicamente de la paz interior como guía. Las personas toman las decisiones más extrañas basándose en «la paz que sentían al respecto». Podemos convencernos a nosotros mismos de tener paz, podemos argumentar que tenemos paz, y en algún momento nuestras emociones al final siguen el camino en el que ha insistido nuestra mente. Los amigos sabios pueden ayudarnos a mantenernos en el camino correcto.

Algunas veces las circunstancias dictan lo que debe ser nuestro siguiente paso; o, a veces, las personas nos brindan dirección cuando nos comunican su sabiduría o nos ponen en contacto con otras que se vuelven parte de nuestra decisión. A menudo confluyen sucesos que nos llevan a la fuerte convicción de que Dios está organizando un escenario que nos introducirá a nuevas posibilidades.

Hemos descubierto que Dios nos ha guiado muchas veces sin que nos diéramos cuenta. Atravesamos una puerta de oportunidad que nos parecía razonable, y que condujo a su vez a otra puerta abierta, y luego, en retrospectiva, somos capaces de ver cuán importantes fueron aquellas simples decisiones iniciales.

Cuando nuestra prioridad es conocer a Dios, seremos capaces de tomar decisiones con más confianza y paz.

Reflexión y cambio personal

1. ¿Le ha costado descubrir la voluntad de Dios en decisiones importantes de su vida? Comente sus luchas y sus aciertos.

2. Si entendemos que la voluntad de Dios es ante todo conocer a Dios y hacer lo que nos pide, ¿cuál es la clave? ¿Cuán importante es que obedezcamos lo que nos ha sido revelado en las Escrituras?
3. ¿Cómo ha manejado en el pasado las decisiones importantes de la vida? Mire de nuevo lo que se dice en el capítulo acerca de sopesar las prioridades. ¿Cuáles son los pasos en este proceso? A partir de su experiencia, ¿puede agregar otros pasos que puedan ser de utilidad para otros?
4. Colosenses 3:15 nos da una promesa que podemos reclamar cuando andamos en la voluntad de Dios para nuestra vida. Mire con cuidado este pasaje. ¿Qué importancia tiene la palabra «gobernar»?
5. Además de la paz interior, ¿cuáles son otros indicadores divinos que podemos tener en cuenta para guiarnos en la toma de decisiones?
6. Versículos adicionales para memorizar: Filipenses 3:12-14; Colosenses 2:6-7.

NOTAS

1. Lisa Beamer con Ken Abraham, *Let's Roll!* (Wheaton, IL: Tyndale, 2003), p. 281.
2. Stephen L. Carter, *Integrity* (Nueva York: Basic Books, 1996).
3. Este párrafo fue extraído de la declaración doctrinal de la iglesia de Moody (Chicago).
4. Diccionario en línea de la RAE, www.rae.es.
5. John Newton, "Sublime gracia", publicado en 1779. Trad. Cristóbal E. Morales.
6. M. R. DeHaan, *Revelation* (Grand Rapids: Zondervan, 1946), p. 281.
7. Marvin R. Vincent, *Word Studies in the New Testament*, vol. IV (Peabody, MA: Hendrickson, s.f.), p. 428.
8. Kenneth S. Wuest, *Hebrews in the Greek New Testament* (Grand Rapids: Eerdmans, 1956), p. 89.
9. Walter Baxendale, *Dictionary of Anecdote, Incident, Illustrative Fact Selected and Arranged for the Pulpit and the Platform* (Londres: Dickinson, 1903), p. 428.
10. William P. Farley, *Gospel-Powered Parenting* (Phillipsburg, NJ: P&R Publishing, 2009), p. 95.
11. Timothy Lane y Paul David Tripp, *How People Change* [*Cómo cambia la gente*] Greensboro, NC: New Growth Press, 2006), p. 5. Publicado en español por New Growth Press.
12. Lewis B. Smedes, *Shame and Grace* (San Francisco: HarperSanFrancisco, 1993), p. 116.
13. Everett F. Harrison, *Baker's Dictionary of Theology* (Grand Rapids: Baker, 1973), p. 439.
14. Fanny J. Crosby, "Redeemed" [Redimido], escrito alrededor de 1882.
15. De un sermón de Benjamin Needler, "¿Cómo descubrir y mortificar las amadas lujurias?" según se cita en Classic Protestant Texts en http://solomon.tcpt.alexanderstreet.com/cgi-bin/asp/philo/cpt/getobject.pl?c.1002:2:2:3.cpt.
16. Mrs. Walter G. Taylor (1934), "Calvary covers It All" [El Calvario cubre todo].

17. William P. Farley, *Gospel-Powered Parenting* (Phillipsburg, NJ: P&R Publishing, 2009), p. 63.
18. "The Fear of the Lord" [El temor del Señor], citado en Carol W. Cornish, *The Undistracted Widow* (Wheaton, IL: Crossway, 2010), p. 104.
19. Jan Glidewell, como se cita en www.thinkexist.com.
20. John Piper, "Discerning Idolatry in Desire" , en http://desiringgod .org/ResourceLibrary/TasteAndSee/By Date 2009/3991.
21. Warren Wiersbe, *The Wycliffe Handbook of Preaching and Preachers* (Chicago: Moody, 1984), p. 194.

CINCO
PROMESAS
de DIOS
PARA TIEMPOS
DIFÍCILES
JAMES MACDONALD